A VITÓRIA
• PELA •
ORAÇÃO

PE. ANDERSON GUERRA

A VITÓRIA
· PELA ·
ORAÇÃO

PRECES PARA A SAÚDE DO CORPO E DA ALMA

petra

©2019 by Padre Anderson Guerra

Direitos de edição da obra em língua portuguesa no Brasil adquiridos pela PETRA EDITORIAL LTDA. Todos os direitos reservados. Nenhuma parte desta obra pode ser apropriada e estocada em sistema de banco de dados ou processo similar, em qualquer forma ou meio, seja eletrônico, de fotocópia, gravação etc., sem a permissão do detentor do copirraite.

PETRA EDITORA
Rua Candelária, 60 — 7º andar — Centro — 20091-020
Rio de Janeiro — RJ — Brasil
Tel.: (21) 3882-8200 — Fax: (21) 3882-8212/8313

Fotos do miolo: Pexels

CIP-BRASIL. CATALOGAÇÃO NA PUBLICAÇÃO
SINDICATO NACIONAL DOS EDITORES DE LIVROS, RJ

G963v   Guerra, Anderson
         A vitória pela oração : preces para a saúde do corpo e da alma / Anderson Guerra. - 1. ed. - Rio de Janeiro : Petra, 2019
         : il.
         152p.
         ISBN 978.85.8278.1173

         1. Igreja Católica - Orações e devoções. I. Título

19-58284   CDD: 242
                                 CDU: 27-583

Sumário

Apresentação... 7
Orações de sempre 11
Orações ao Pai, ao Filho e ao Espírito Santo........29
Orações a Virgem Maria......................................47
Orações aos santos..67
Orações para ocasiões diversas............................93
Rezando com os Salmos....................................121
O cordão de São José 141

Apresentação

"Orai sem cessar", diz-nos São Paulo (cf. 1 Ts 5, 17). Com isso, ele nos exorta a estar o tempo todo na presença de Deus, independentemente de onde estejamos e de qual seja nossa atividade. A oração, portanto, pode se manifestar de diferentes maneiras: às vezes, durante as atividades que exigem nossa atenção, estar em oração consiste em fazer o que deve ser feito sabendo que Deus está ao nosso lado, que Lhe estamos oferecendo nossos afazeres da melhor maneira possível; noutras ocasiões, basta um olhar carinhoso para a Santa Virgem, para um Crucifixo...

Ao mesmo tempo, as chamadas "orações vocais", isto é, aquelas orações que recitamos a partir de fórmulas fixas (o Pai-nosso, a Ave-Maria, as respostas que damos quando na Missa...), têm um valor inestimável: elas nos ajudam a melhorar nossa relação com a Santíssima Trindade, colocam bons valores e ideias em nossos corações, criam afetos e disposições positivas.

Estas páginas foram idealizadas precisamente por causa disso. Aqui, estão compiladas algumas orações vocais que podem ser utilizadas a todo momento e para diversas finalidades. Por isso mesmo, deve ser tratada, por todo homem e mulher de fé, como uma companhia diária, que manterá viva nossa relação com o Pai, o Filho e o Espírito Santo.

Peço a Deus que abençoe cada um de vós, meus leitores, para que possais crescer em fé, esperança e caridade.

Padre Anderson Guerra

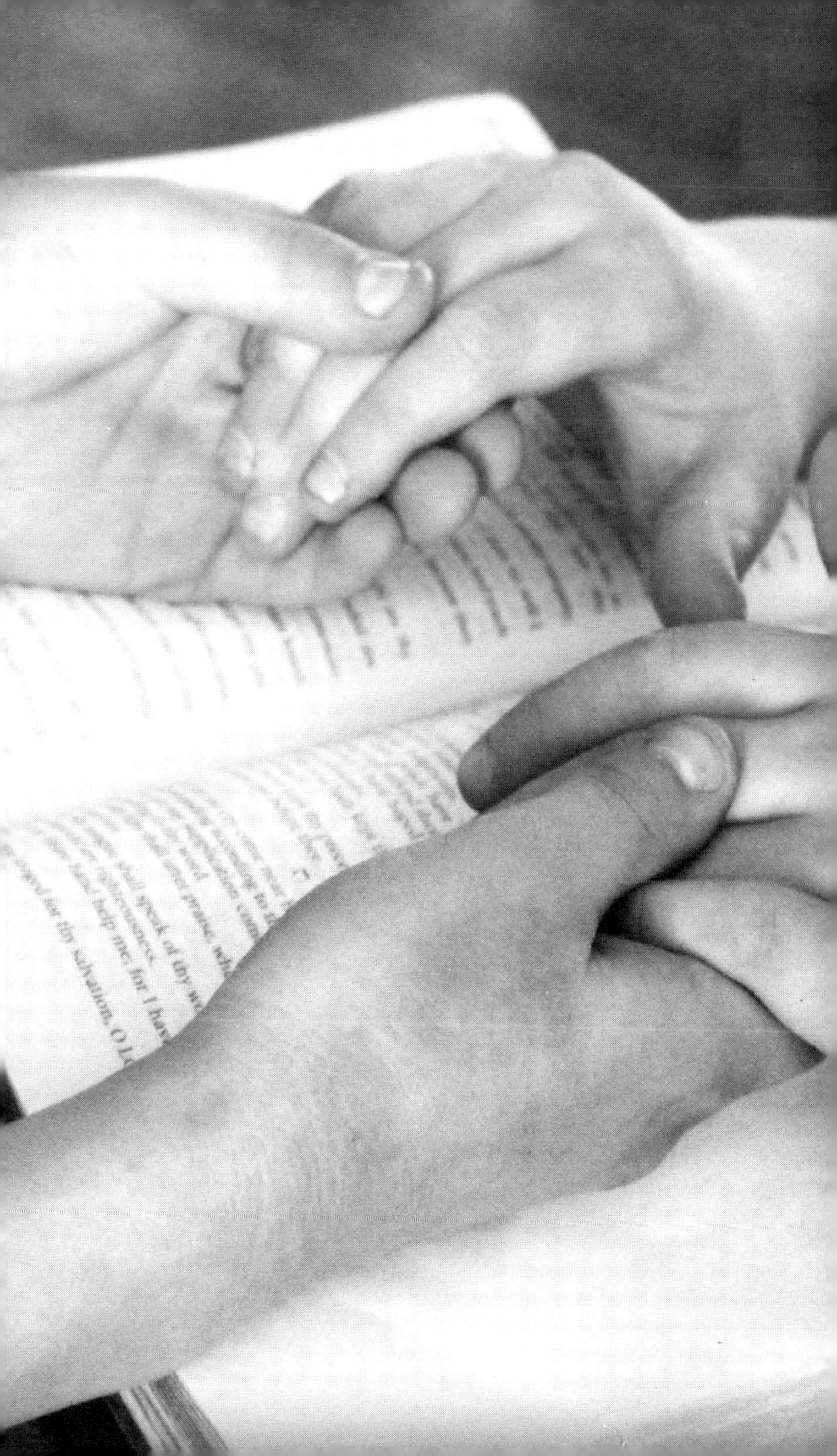

Orações de sempre

Poder-se-ia dizer que as orações desta seção são aquelas que o cristão está "obrigado" a saber. Trata-se daquelas preces que aprendemos desde pequenos e que estão nos lábios de gerações e gerações. Por isso mesmo, têm uma eficácia comprovada, aproximando-nos de Deus e preparando nossos corações para tudo aquilo que Ele quer nos dar. Podemos ter a certeza de que, até o final dos tempos, essas orações serão rezadas por todos os homens e mulheres de boa vontade. Elas contêm as verdades da fé, isto é, a porta mesma da salvação. Por isso, embora sejam extremamente comuns e conhecidas, é indispensável tê-las aqui.

Sinal da cruz

(Como forma de recordar aquilo que está no centro de nossa fé, costuma-se começar todos os atos de oração com um sinal da cruz. Também pode ser usado antes de oferecermos todas as nossas obras a Deus.)

Em nome do Pai,
do Filho e
do Espírito Santo.
Amém.

Pai-nosso

(Pode-se dizer que o Pai-nosso é a oração perfeita, pois nos foi ensinado pelo próprio Cristo.)

Pai nosso que estais nos céus,
santificado seja o Vosso nome;
venha a nós o Vosso reino,
seja feita a Vossa vontade
assim na terra como no céu.
O pão nosso de cada dia nos dai hoje;
perdoai-nos as nossas ofensas, assim como
nós perdoamos a quem nos tem ofendido,
e não nos deixeis cair em tentação,
mas livrai-nos do mal.
Amém.

Ave-Maria

(Mais tradicional das orações marianas, a Ave-Maria é composta de trechos bíblicos retirados do episódio da Anunciação e da Visita da Virgem a Santa Isabel.)

Ave Maria, cheia de graça,
o Senhor é convosco,
bendita sois vós entre as mulheres
e bendito é o fruto do vosso ventre, Jesus.
Santa Maria, Mãe de Deus,
rogai por nós pecadores,
agora e na hora da nossa morte.
Amém.

Credo apostólico

(Com o Credo, professamos nossa adesão às verdades da fé. Consiste num excelente meio para fortalecermos nossa confiança em Deus e suas promessas.)

Creio em Deus Pai todo-poderoso,
criador do céu e da terra;
e em Jesus Cristo,
seu único Filho, nosso Senhor;
que foi concebido pelo poder do Espírito Santo;
nasceu da Virgem Maria,
padeceu sob Pôncio Pilatos,
foi crucificado, morto e sepultado;
desceu à mansão dos mortos;
ressuscitou ao terceiro dia;
subiu aos céus,

está sentado à direita de Deus Pai todo-poderoso,
donde há de vir a julgar os vivos e os mortos;
creio no Espírito Santo,
na Santa Igreja Católica,
na comunhão dos santos,
na remissão dos pecados,
na ressurreição da carne,
na vida eterna.
Amém.

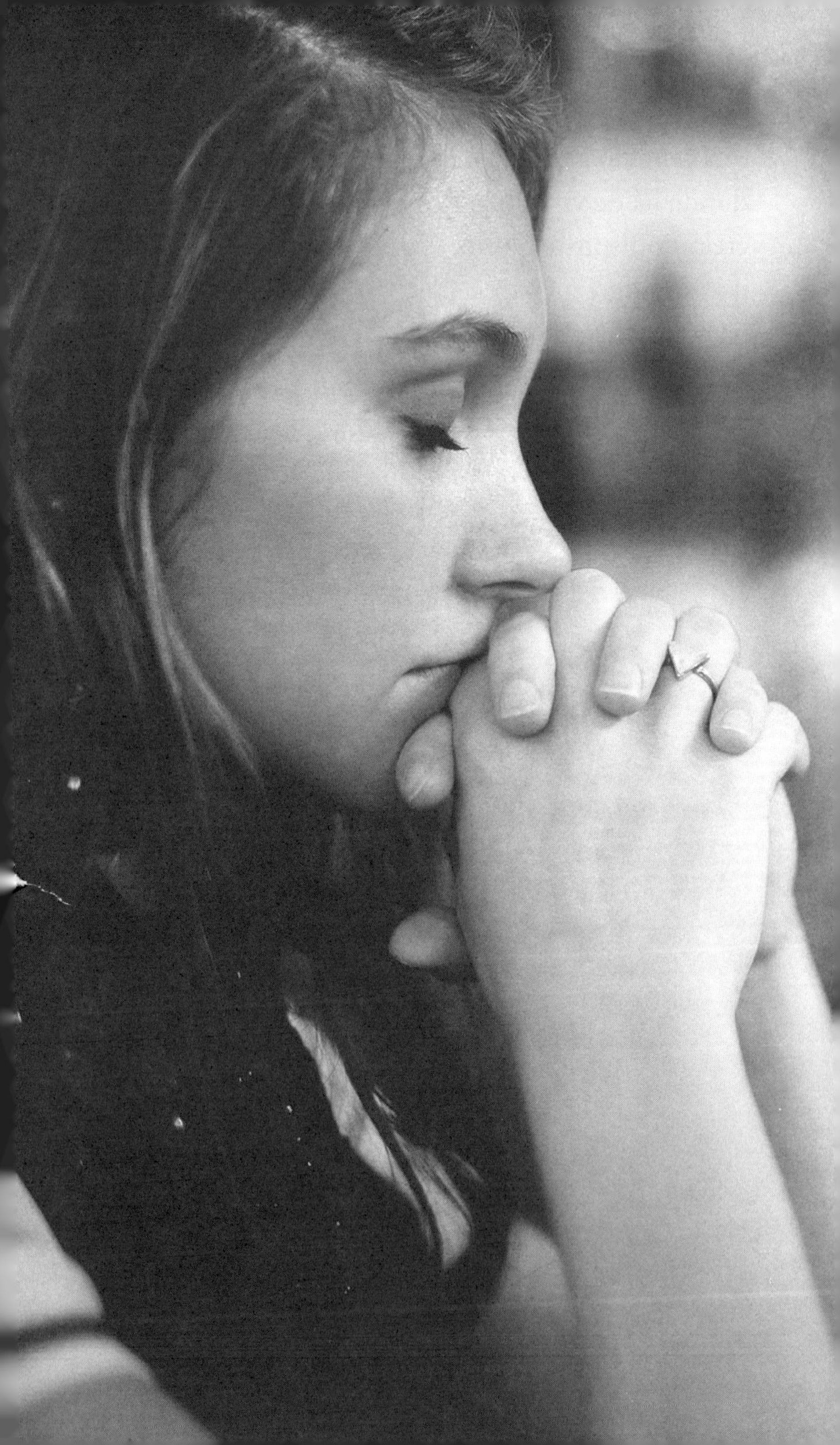

Glória ao Pai

(Esta oração serve como uma forma simples, que podemos utilizar várias vezes ao longo do dia, para adorar a Santíssima Trindade.)

Glória ao Pai,
ao Filho
e ao Espírito Santo,
assim como era no princípio,
agora e sempre,
e por todos os séculos dos séculos.
Amém.

Glória a Deus nas alturas

Glória a Deus nas alturas
e paz na terra aos homens por Ele amados.
Senhor Deus,
Rei dos céus,
Deus Pai todo-poderoso:
nós Vos louvamos,
nós Vos bendizemos,
nós Vos adoramos,
nós Vos glorificamos,
nós Vos damos graças por Vossa imensa glória.
Senhor Jesus Cristo,
Filho Unigênito,
Senhor Deus,
Cordeiro de Deus,
Filho de Deus Pai:

Vós que tirais o pecado do mundo, tende piedade de nós;
Vós que tirais o pecado do mundo, acolhei a nossa súplica;
Vós que estais à direita do Pai, tende piedade de nós.
Só Vós sois o Santo;
só Vós, o Senhor;
só Vós, o Altíssimo, Jesus Cristo;
com o Espírito Santo na glória de Deus Pai.
Amém.

Santo Anjo

(Não podemos deixar que a devoção ao anjo da guarda caia no esquecimento. Esta é a mais tradicional oração a este que nos protege.)

Santo Anjo do Senhor,
meu zeloso guardador,
se a ti me confiou a piedade divina,
sempre me rege,
me guarda,
me governa,
me ilumina.
Amém.

Ato de contrição

(Muitas vezes ao longo do dia, devemos reconhecer nossas faltas, pedir perdão sinceramente a Deus e recobrar forças para continuar a caminhada. Este ato de contrição nos ajuda a isso.)

Meu Deus, eu me arrependo, de todo coração,
de todos os meus pecados e os detesto,
porque pecando não só mereci as penas que justamente estabelecestes,
mas principalmente porque Vos ofendi a Vós,
sumo bem e digno de ser amado sobre todas as coisas.
Por isso, proponho firmemente,
com a ajuda da Vossa graça,
não mais pecar e fugir das ocasiões próximas de pecar.
Amém.

Atos de fé, esperança e caridade

(Fé, esperança e caridade são as chamadas "virtudes teologais", cujas sementes Deus planta em nossa alma quando de nosso batismo. Podemos dizer que são a porta do céu, aquilo que temos de mais importante, pois animam nossa maneira de nos relacionar com Deus.)

Senhor Deus, creio firmemente e confesso todas e cada uma das coisas que a Santa Igreja Católica propõe, porque Vós, ó Deus, revelastes todas essas coisas, Vós, que sois a Eterna Verdade e Sabedoria que não pode enganar nem ser enganada. Nesta fé é minha determinação viver e morrer. Amém.

Espero, Senhor Deus, que, pela Vossa graça, hei de conseguir a remissão de todos os pecados e, depois desta vida, a felicidade eterna, porque Vós prometestes, Vós que sois infinitamente poderoso, fiel e misericordioso. Nesta esperança é minha determinação viver e morrer. Amém.

Senhor Deus, amo-Vos sobre todas as coisas e ao meu próximo por causa de Ti, porque Vós sois o Sumo Bem, infinito e perfeitíssimo, digno de todo amor. Nesta caridade é minha determinação viver e morrer. Amém.

Orações ao Pai, ao Filho e ao Espírito Santo

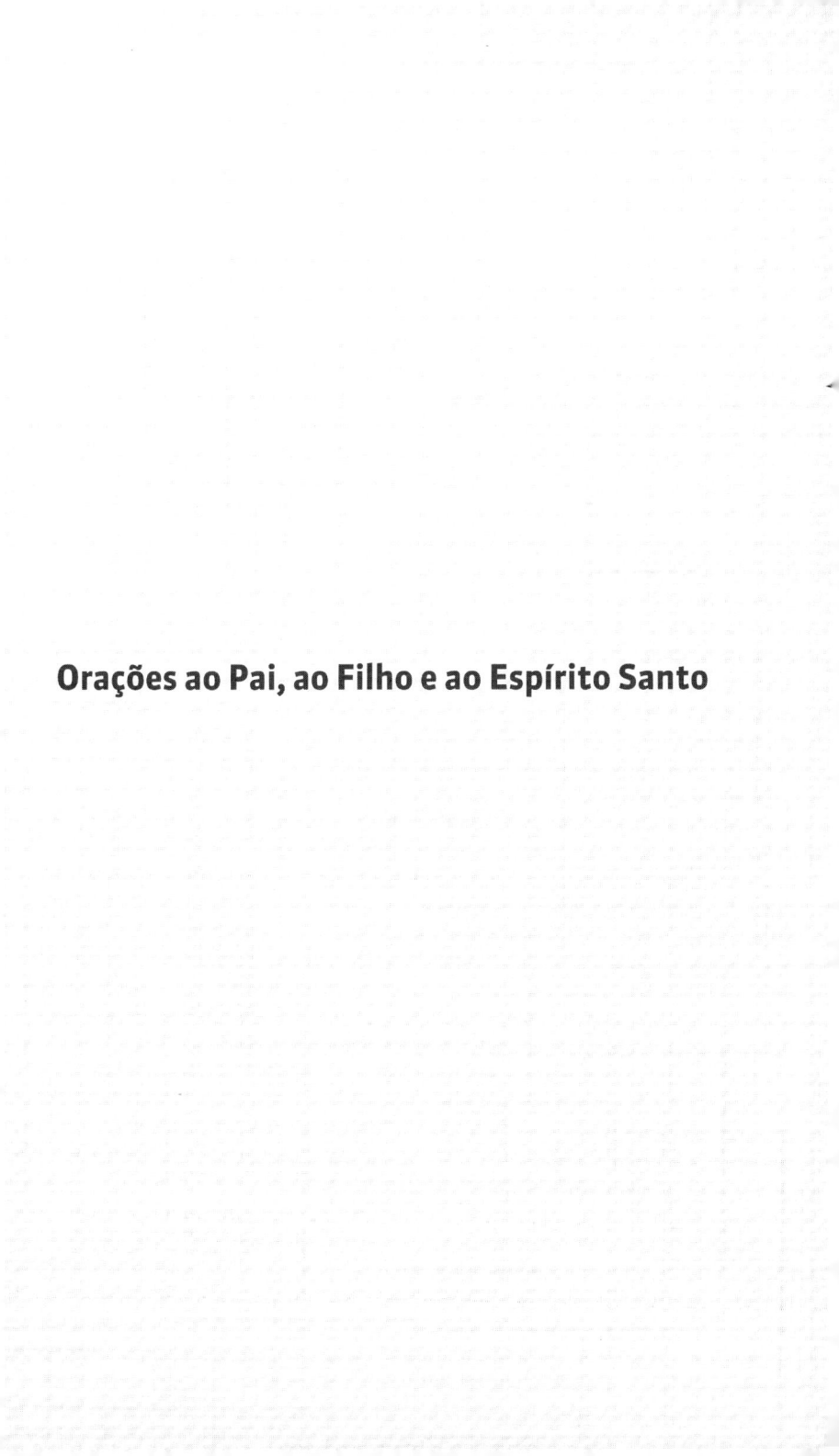

Te Deum

A Vós, ó Deus, louvamos e por Senhor nosso Vos confessamos.
A Vós, ó Eterno Pai, reverencia e adora toda a Terra.
A Vós, todos os Anjos, a Vós, os Céus e todas as Potestades;
Vós, os Querubins e Serafins com incessantes vozes proclamam:
Santo, Santo, Santo é o Senhor Deus dos Exércitos!
Os Céus e a Terra estão cheios da Vossa glória e majestade.

A Vós, o glorioso coro dos Apóstolos,
A Vós, a respeitável assembleia dos Profetas,

A Vós, o brilhante exército dos mártires engrandece com louvores!
A Vós, Eterno Pai, Deus de imensa majestade,

Ao Vosso verdadeiro e único Filho, digno objeto das nossas adorações,
Do mesmo modo ao Espírito Santo, nosso consolador e advogado.

Vós sois o Rei da Glória, ó meu Senhor Jesus Cristo!
Vós sois Filho sempiterno do Vosso Pai Onipotente!
Vós, para Vos unirdes ao homem e o resgatardes não Vos dignastes de entrar no casto seio duma Virgem!

Vós, vencedor do estímulo da morte,
abristes aos fiéis o Reino dos Céus,
Vós estais sentado à direita de Deus,
no glorioso trono do Vosso Pai!
Nós cremos e confessamos firmemente
que de lá haveis de vir a julgar no fim do mundo.

A Vós portanto rogamos que socorrais os Vossos servos,

a quem remistes com o Vosso preciosíssimo Sangue.
Fazei que sejamos contados na eterna glória,
entre o número dos Vossos santos.

Salvai, Senhor, o Vosso povo e abençoai a Vossa herança,
E regei-os e exaltai-os eternamente para maior glória vossa.
Todos os dias Vos bendizemos
E esperamos glorificar o Vosso nome agora e por todos os séculos.
Dignai-Vos, Senhor, conservar-nos neste dia e sempre sem pecado.
Tende compaixão de nós, Senhor,
compadecei-Vos de nós, miseráveis.
Derramai sobre nós, Senhor, a Vossa misericórdia,
pois em Vós colocamos toda a nossa esperança.
Em Vós, Senhor, esperei, não serei confundido.

Benedictus

Bendito o Senhor, Deus de Israel
Que visitou e redimiu o seu povo
E nos deu um Salvador poderoso
Na casa de David, seu servo,
Conforme prometeu pela boca dos seus santos,
Os profetas dos tempos antigos,
Para nos libertar dos nossos inimigos
E das mãos daqueles que nos odeiam
Para mostrar a sua misericórdia a favor dos nossos pais,
Recordando a sua sagrada aliança
E o juramento que fizera a Abraão, nosso pai,
Que nos havia de conceder esta graça:
De O servirmos um dia, sem temor,
Livres das mãos dos nossos inimigos,

Em santidade e justiça na sua presença,
Todos os dias da nossa vida.
E tu, Menino, serás chamado Profeta do Altíssimo,
Porque irás à sua frente a preparar os seus caminhos,
Para dar a conhecer ao seu povo a salvação
Pela remissão dos seus pecados,
Graças ao coração misericordioso do nosso Deus,
Que das alturas nos visita como Sol Nascente,
Para iluminar os que jazem nas trevas e nas sombras da morte
E dirigir os nossos passos no caminho da paz.
Glória ao Pai e ao Filho
E ao Espírito Santo,
Como era no princípio,
Agora e sempre. Amém.

Alma de Cristo

Alma de Cristo, santificai-me.
Corpo de Cristo, salvai-me.
Sangue de Cristo, inebriai-me.
Água do lado de Cristo, lavai-me.
Paixão de Cristo, confortai-me.
Ó bom Jesus, ouvi-me.
Dentro das Vossas Chagas, escondei-me.
Não permitais que de Vós me separe.
Do espírito maligno, defendei-me.
Na hora da minha morte, chamai-me.
E mandai-me ir para Vós,
para que Vos louve com os Vossos santos,
por todos os séculos.
Amém.

Oração a Jesus Crucificado

Eis-me aqui, ó bom e dulcíssimo Jesus;
prostrado de joelhos diante da Vossa Divina Presença,
Vos peço e suplico com o mais ardente fervor,
que imprimais no meu coração vivos sentimentos de fé,
esperança e caridade,
um verdadeiro arrependimento dos meus pecados,
com vontade firmíssima de os emendar;
enquanto eu, com grande afeto e dor de alma,
considero e medito nas Vossas Cinco Chagas,
tendo diante dos olhos
o que já o Santo Profeta David dizia por Vós,
ó bom Jesus: "Trespassaram as minhas mãos
e os meus pés, e contaram todos os meus ossos."

Ó, meu Jesus

Ó, meu Jesus, perdoai-nos,
livrai-nos do fogo do inferno,
levai as almas todas para o céu
e socorrei principalmente as que mais precisarem.
Amém.

Comunhão espiritual

Meu Deus, creio firmemente em Vossa presença
na Eucaristia.
Gostaria de receber-Vos agora realmente,
mas, como não posso,
vinde ao menos espiritualmente ao meu coração.
Inflamai-me de Vosso ardor
e fazei com que eu lute seriamente pela expansão
de Vosso reino.
Amém.

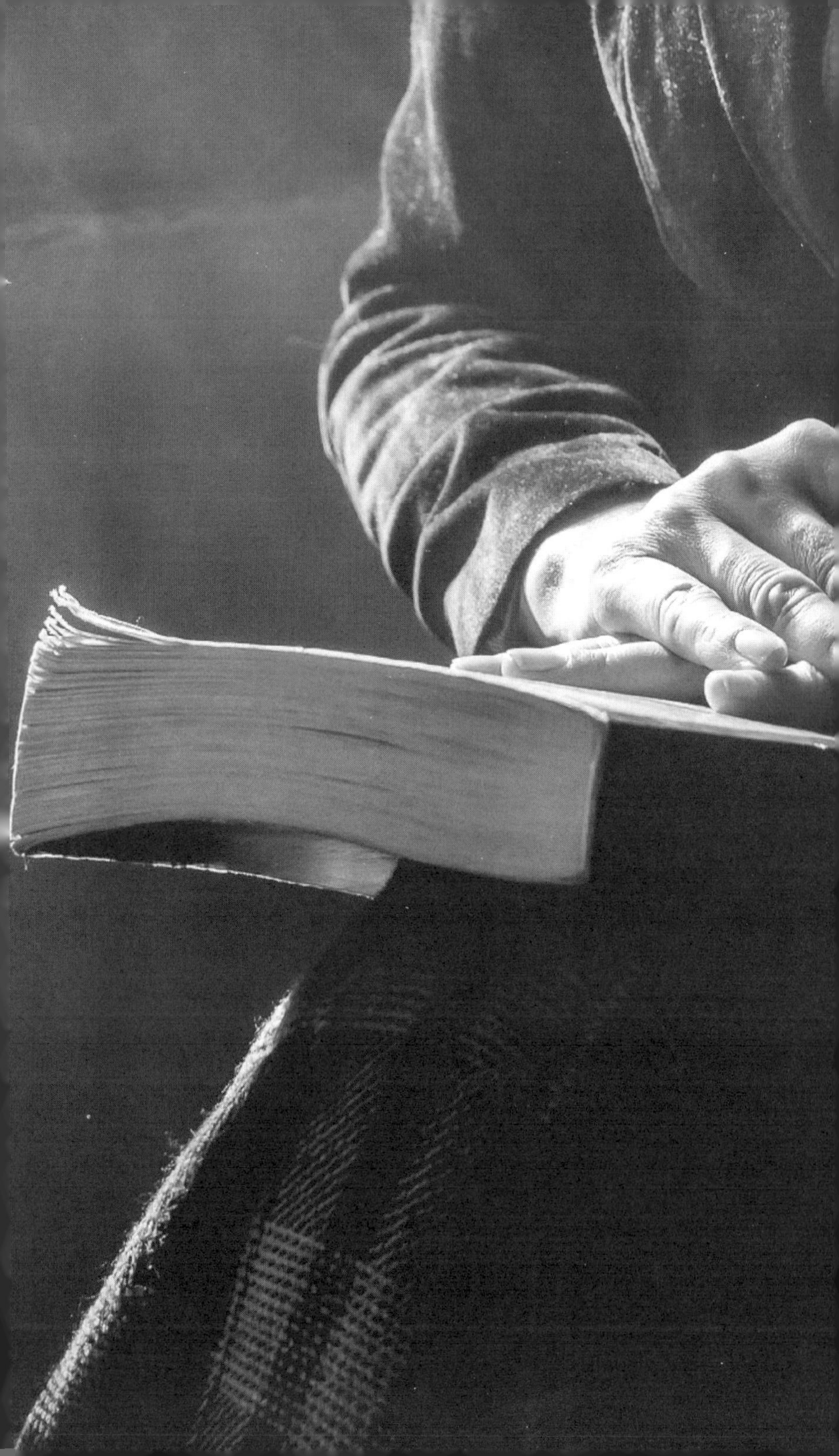

Vinde, Espírito Santo

Vinde, Espírito Santo,
enchei os corações dos Vossos fiéis
e acendei neles o fogo do Vosso Amor.
Enviai o Vosso Espírito
e tudo será criado,
e renovareis a face da terra.

Oremos. Ó Deus, que instruíste os corações dos Vossos fiéis com a luz do Espírito Santo, fazei que apreciemos retamente todas as coisas segundo o mesmo Espírito e gozemos da sua consolação.
Por Cristo Senhor Nosso.
Amém.

Vinde, Espírito Criador

Vinde Espírito Criador, a nossa alma visitai
e enchei os corações com Vossos dons celestiais.
Vós sois chamado o Intercessor de Deus excelso dom sem par,
a fonte viva, o fogo, o amor, a unção divina e salutar.
Sois o doador dos sete dons e sois poder na mão do Pai,
por Ele prometido a nós, por nós seus feitos proclamai.
A nossa mente iluminai, os corações enchei de amor,
nossa fraqueza encorajai, qual força eterna e protetor.

Nosso inimigo repeli, e concedei-nos a Vossa paz,
se pela graça nos guiais, o mal deixamos para trás.
Ao Pai e ao Filho Salvador, por Vós possamos conhecer
que procedeis do Seu amor, fazei-nos sempre fir-
mes crer.
Amém.

Ó, Espírito Santo

Ó, Espírito Santo, amor do Pai e do Filho,
inspirai-me sempre aquilo que devo pensar,
aquilo que devo dizer,
como devo dizê-lo,
aquilo que devo calar,
aquilo que devo escrever,
como devo agir,
aquilo que devo fazer,
para procurar a Vossa glória,
o bem das almas
e minha própria santificação.

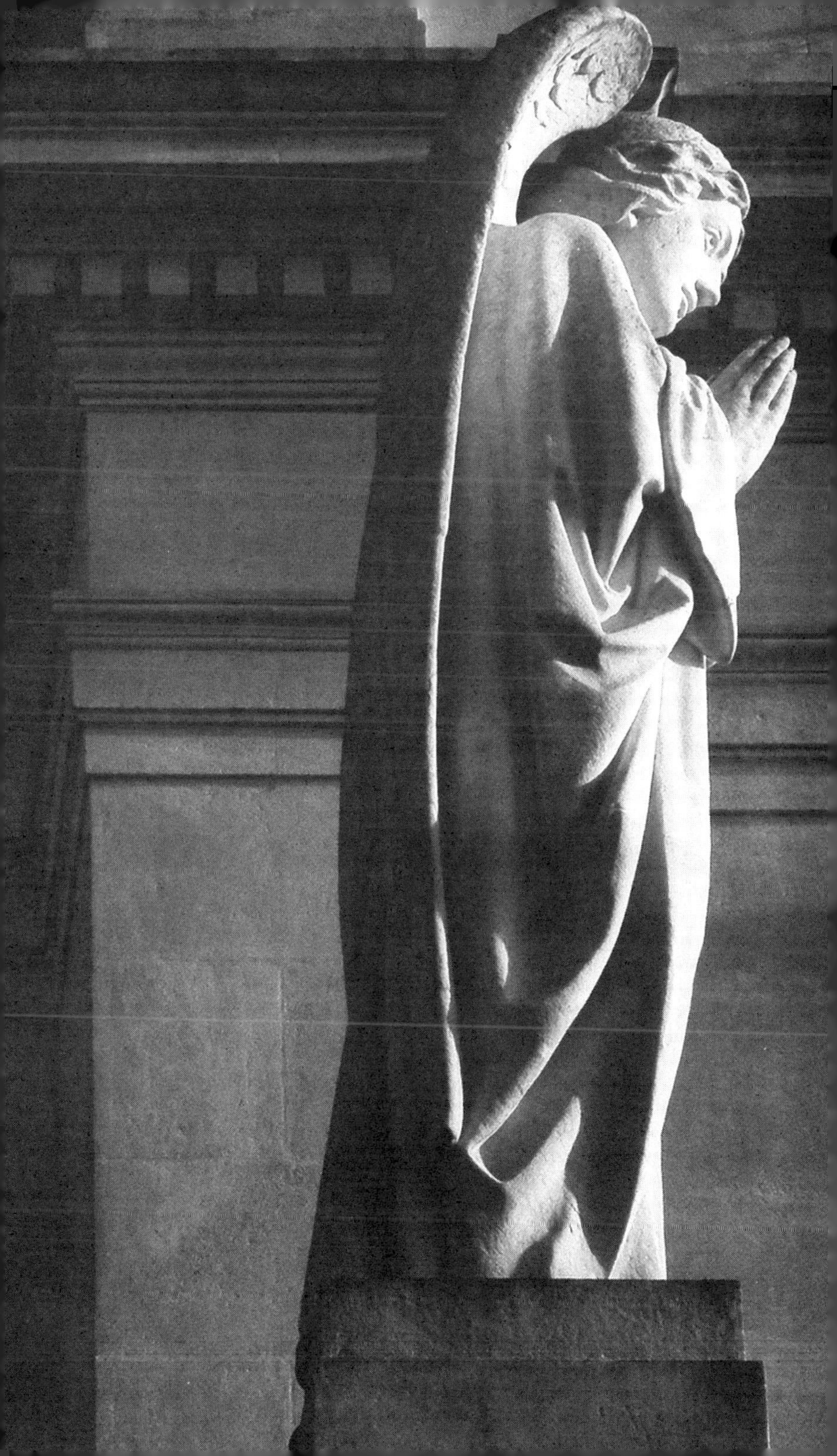

Orações a Virgem Maria

Oração a Nossa Senhora Aparecida
(Consagração composta pelo papa Francisco)

Ó Maria Santíssima, pelos méritos de Nosso Senhor Jesus Cristo, em vossa querida imagem de Aparecida, espalhais inúmeros benefícios sobre todo o Brasil.
Eu, embora indigno de pertencer ao número de vossos filhos e filhas, mas cheio do desejo de participar dos benefícios de vossa misericórdia, prostrado a vossos pés, consagro-vos o meu entendimento, para que sempre pense no amor que mereceis; consagro-vos a minha língua para que sempre vos louve e propague a vossa devoção; consagro-vos o meu coração, para que, depois de Deus, vos ame sobre todas as coisas.

Recebei-me, ó Rainha incomparável, vós que o Cristo crucificado deu-nos por Mãe, no ditoso número de vossos filhos e filhas; acolhei-me debaixo de vossa proteção; socorrei-me em todas as minhas necessidades, espirituais e temporais, sobretudo na hora de minha morte.

Abençoai-me, ó celestial cooperadora, e com vossa poderosa intercessão, fortalecei-me em minha fraqueza, a fim de que, servindo-vos fielmente nesta vida, possa louvar-vos, amar-vos e dar-vos graças no céu, por toda eternidade.

Assim seja!

Oração a Nossa Senhora de Guadalupe

Perfeita, sempre Virgem Santa Maria,
Mãe do Verdadeiro Deus, por quem se vive.
Tu que na verdade és nossa Mãe Compassiva,
te buscamos e te clamamos.
Escuta com piedade nosso pranto, nossas tristezas.
Cura nossas penas, nossas misérias e dores.
Tu que és nossa doce e amorosa Mãe,
acolhe-nos no aconchego do teu manto,
no carinho de teus braços.
Que nada nos aflija nem perturbe nosso coração.
Mostra-nos e manifesta-nos a teu amado Filho,
para que Nele e com Ele encontremos
nossa salvação e a salvação do mundo.
Santíssima Virgem Maria de Guadalupe,
Faz-nos mensageiros teus,
mensageiros da Palavra e da vontade de Deus.
Amém.

Oração a Nossa Senhora de Fátima

Santíssima Virgem,
que na Cova da Iria vos dignastes aparecer a três humildes pastorinhos
e lhes revelastes os tesouros de graças contidos na reza do Terço,
incuti profundamente em nossa alma o devido apreço
que devemos ter por esta devoção, para Vós tão querida,
a fim de que, meditando os mistérios da nossa Redenção,
aproveitemos de seus preciosos frutos e alcancemos as graças
que vos pedimos nesta devoção, se forem para maior glória de Deus,
honra vossa e salvação de nossas almas.
Amém.

Oração a Nossa Senhora das Graças

Ó Imaculada Virgem Mãe de Deus e nossa Mãe,
ao contemplar-vos de braços abertos
derramando graças sobre os que vo-las pedem,
cheios de confiança na vossa poderosa intercessão,
inúmeras vezes manifestada pela Medalha Milagrosa,
embora reconhecendo a nossa indignidade
por causa de nossas inúmeras culpas,
acercamo-nos de vossos pés para vos expor,
durante esta oração, as nossas mais prementes necessidades
(*solicitar a graça desejada*).
Concedei, pois, ó Virgem da Medalha Milagrosa,
este favor que confiantes vos solicitamos,
para maior Glória de Deus,

engrandecimento do vosso nome e bem de nossas almas.

E, para melhor servirmos ao vosso Divino Filho, inspirai-nos profundo ódio ao pecado
e dai-nos coragem de nos afirmar sempre como verdadeiros cristãos.

(Rezar três Ave-Marias.)

Ó Maria concebida sem pecado, rogai por nós que recorremos a vós.
Amém.

I have become
terror on every
as they scheme together
which is
the LORD.
and be glad for
thou hast seen
hast taken
adversities,
hast not delivered
hand of the
thou hast set
place.
O LORD, for I am
Be gracious to me,
in distress;
is wasted from grief,
and my body also.
with sorrow,
19 O how
20

Oração a Nossa Senhora de Lourdes

Ó Virgem puríssima, Nossa Senhora de Lourdes,
que vos dignastes aparecer a Bernadete,
no lugar solitário de uma gruta,
para nos lembrar que é no sossego e recolhimento
que Deus nos fala e nós falamos com Ele,
ajudai-nos a encontrar o sossego
e a paz da alma que nos ajude a conservar-nos
sempre unidos em Deus.
Nossa Senhora da gruta,
dai-me a graça que vos peço
e tanto preciso (*solicitar a graça desejada*).
Nossa Senhora de Lourdes,
rogai por nós.
Amém!

Oração a Nossa Senhora da Conceição

Virgem Santíssima,
que fostes concebida sem o pecado original
e por isto merecestes o título
de Nossa Senhora da Imaculada Conceição
e por terdes evitado todos os outros pecados,
o Anjo Gabriel vos saudou com as belas palavras:
"Ave, Maria, cheia de graça";
nós vos pedimos que nos alcanceis
do vosso divino Filho o auxílio necessário
para vencermos as tentações
e evitarmos os pecados e,
já que vos chamamos de Mãe,
atendei-nos com carinho maternal
e ajudai-nos a viver como dignos filhos vossos.
Nossa Senhora da Conceição, rogai por nós.

Oração a Nossa Senhora do Rosário

Nossa Senhora do Rosário,
dai a todos os cristãos a graça
de compreender a grandiosidade
da devoção do Santo Rosário,
na qual, à recitação da Ave-maria
se junta a profunda meditação
dos santos mistérios da vida,
morte e ressurreição de Jesus,
vosso Filho e nosso Redentor.
São Domingos, apóstolo do rosário,
acompanhai-nos com a vossa bênção,
na recitação do terço, para que,
por meio desta devoção a Maria,
cheguemos mais depressa a Jesus,

e como na batalha de Lepanto,
Nossa Senhora do Rosário nos leve a vitória
em todas as lutas da vida;
por seu Filho, Jesus Cristo,
na unidade do Pai e do Espírito Santo.
Amém.

Oração a Nossa Senhora Desatadora dos Nós

Virgem Maria, Mãe do belo amor,
Mãe que jamais deixa de vir
em socorro a um filho aflito,
Mãe cujas mãos não param nunca
de servir seus amados filhos,
pois são movidas pelo amor divino e a imensa misericórdia
que existem em teu coração,
volta o teu olhar compassivo sobre mim
e vê o emaranhado de nós
que há em minha vida.
Tu bem conheces o meu desespero,
a minha dor e o quanto estou amarrado
por causa destes nós.
Maria, Mãe que Deus

encarregou de desatar os nós
da vida dos seus filhos,
confio hoje a fita da minha vida em tuas mãos.
Ninguém, nem mesmo o maligno
poderá tirá-la do teu precioso amparo.
Em tuas mãos não há nó
que não poderá ser desfeito.
Mãe poderosa, por tua graça
e teu poder intercessor
junto a Teu Filho e Meu Libertador, Jesus,
recebe hoje em tuas mãos este nó (*mencionar a dificuldade*).
Peço-te que o desates para a glória de Deus,
e por todo o sempre.
Vós sois a minha esperança.
Ó Senhora minha,
sois a minha única consolação dada por Deus,
a fortaleza das minhas débeis forças,
a riqueza das minhas misérias, a liberdade,
com Cristo, das minhas cadeias.
Ouve minha súplica.
Guarda-me, guia-me,
protege-me, ó seguro refúgio!
Maria, Desatadora dos Nós, roga por mim.

Oração a Nossa Senhora do Carmo

Bendita Imaculada Virgem Maria,
beleza e glória do Carmelo,
vós, que tratais
com bondade inteiramente especial
aqueles que se vestem
com o vosso amantíssimo hábito,
volvei sobre mim também
um olhar propício,
e cobri-me com o manto
de vossa maternal proteção.
Por vosso poder,
fortificai a minha fraqueza,
por vossa sabedoria
esclarecei o meu espírito,
em mim aumentai a fé,

a esperança e a caridade.
Ornai a minha alma
com graças e virtudes
que a façam cara
a vosso divino Filho e a vós.
Assisti-me durante a vida,
consolai-me na morte
por vossa amável presença,
e apresentai-me à augusta Trindade
como vosso filho e servo dedicado,
para vos louvar e bendizer eternamente.
Amém.

Lembrai-vos
(Oração composta por São Bernardo)

Lembrai-vos, ó piíssima Virgem Maria, que nunca se ouviu dizer que algum daqueles que recorreram à vossa proteção, imploraram a vossa assistência e reclamaram o vosso socorro, fosse por vós desamparado. Animado eu, pois, com igual confiança, a vós, Virgem, entre todas singular, como à minha Mãe recorro; de vós me valho e, gemendo sob o peso de meus pecados, me prostro aos vossos pés. Não rejeiteis as minhas súplicas, ó Mãe do Filho de Deus humanado, mas dignai-vos de as ouvir e de me alcançar o que vos rogo.
Amém.

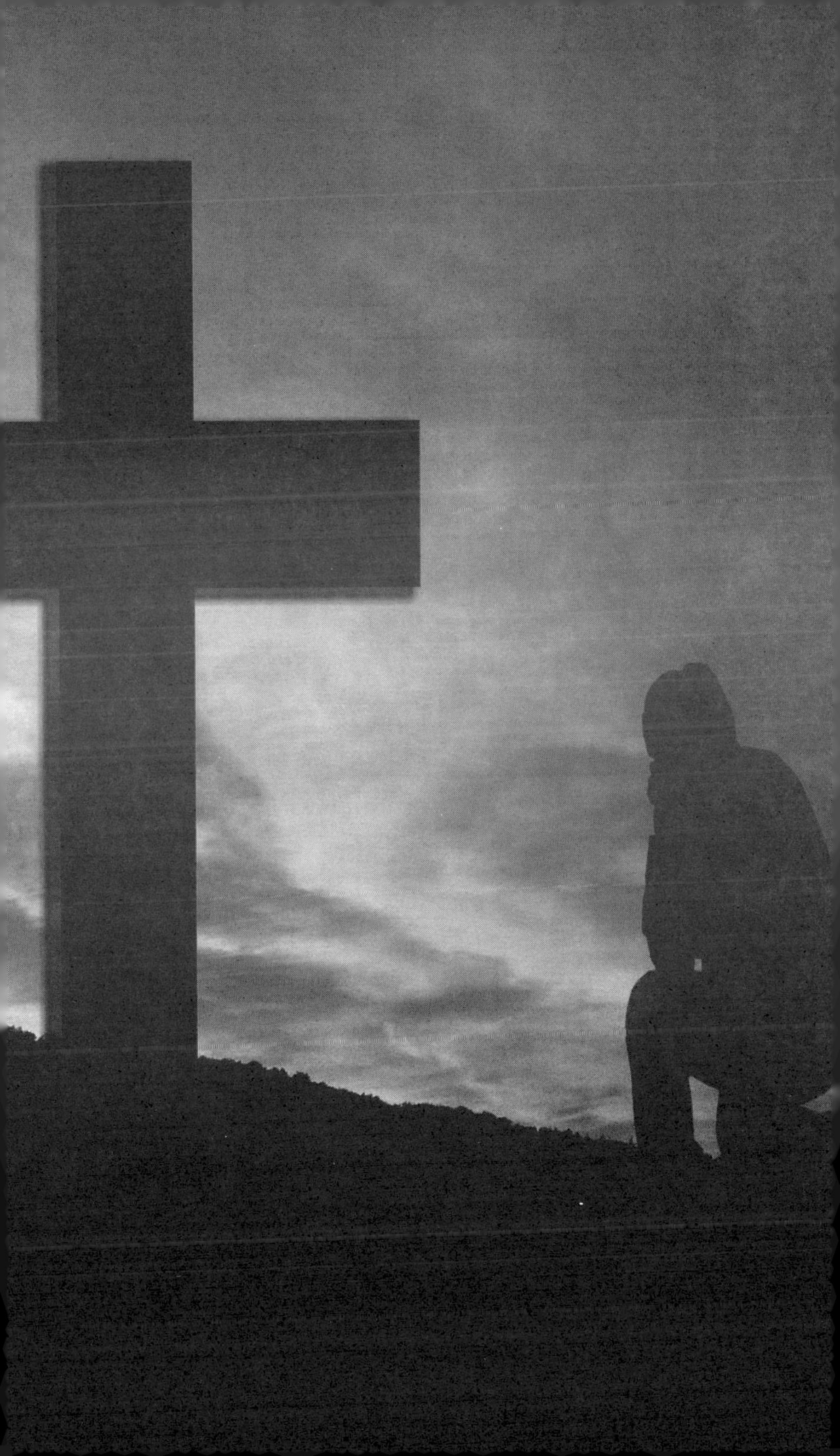

Orações aos santos

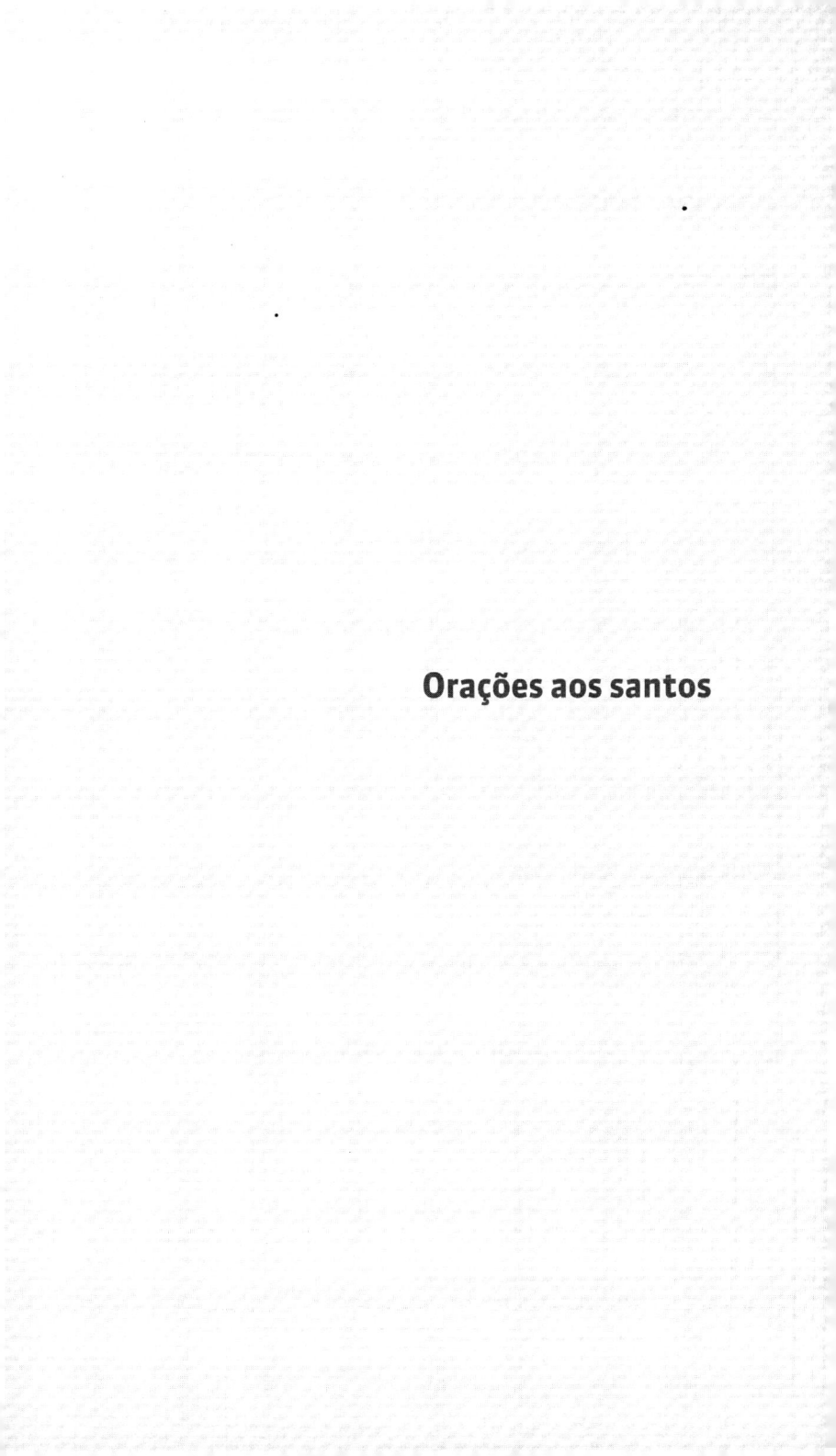

Oração a São José

Ó glorioso São José, pai e protetor das virgens, guarda fiel a quem Deus confiou Jesus, a própria inocência,
e Maria, Virgem das virgens!
Em nome de Jesus e de Maria, este duplo tesouro que vos foi tão caro,
vos suplico que me conserveis livre de toda
a impureza, para que, com alma pura e corpo casto, sirva sempre,
fielmente, a Jesus e a Maria.
Amém.

Oração a São João Batista

Ó Glorioso São João Batista, príncipe dos profetas,
precursor do divino Redentor,
primogênito da graça de Jesus e da intercessão de
sua Santíssima Mãe,
que fostes grande diante do Senhor,
pelos estupendos dons da graça
de que fostes maravilhosamente enriquecido desde
o ceio materno,
e por vossas admiráveis virtudes,
alcançai-me de Jesus, ardentemente vos suplico,
que me dê a graça de o amar e servir com extremado afeto e dedicação até a morte. Alcançai-me também, meu excelso protetor,
singular devoção a Virgem Maria Santíssima,
que por amor de vós foi com pressa à casa de vossa

mãe Santa Isabel,
para serdes livre do pecado original e cheio dos dons do Espírito Santo.
Se me conseguirdes estas duas graças,
como muito espero de vossa grande bondade e poderoso valimento,
estou certo de que, amando até a morte a Jesus e a Maria,
salvarei minha alma e, no céu,
convosco e com todos os anjos e santos
amarei e louvarei a Jesus e a Maria entre gozos e delícias eternas.
Amém.

Oração a São Pedro

Ó São Pedro, pedra viva da Igreja fundada por Jesus Cristo,
vós que fostes chamado pelo Senhor para ser pescador de homens e mulheres,
vós que dissestes: "Senhor, a quem iremos? Pois só Tu tens palavras de vida eterna", vinde em meu auxílio com vossa intercessão junto a Deus,
dando-me coragem para seguir o vosso exemplo de amor fiel a Cristo
e anunciar a Boa-nova na família, na comunidade, no trabalho e em toda parte.
Ó São Pedro, vós que fizestes a mais bela declaração de amor:
"Senhor, tu sabes que eu te amo",
ensinai-me, hoje, o caminho da justiça,

para que eu tenha saúde e paz
e alcance a graça que Vos peço (*peça-se*).
Amém.

Pai-nosso. Ave-Maria. Glória ao Pai.

Glorioso São Pedro, rogai por nós!

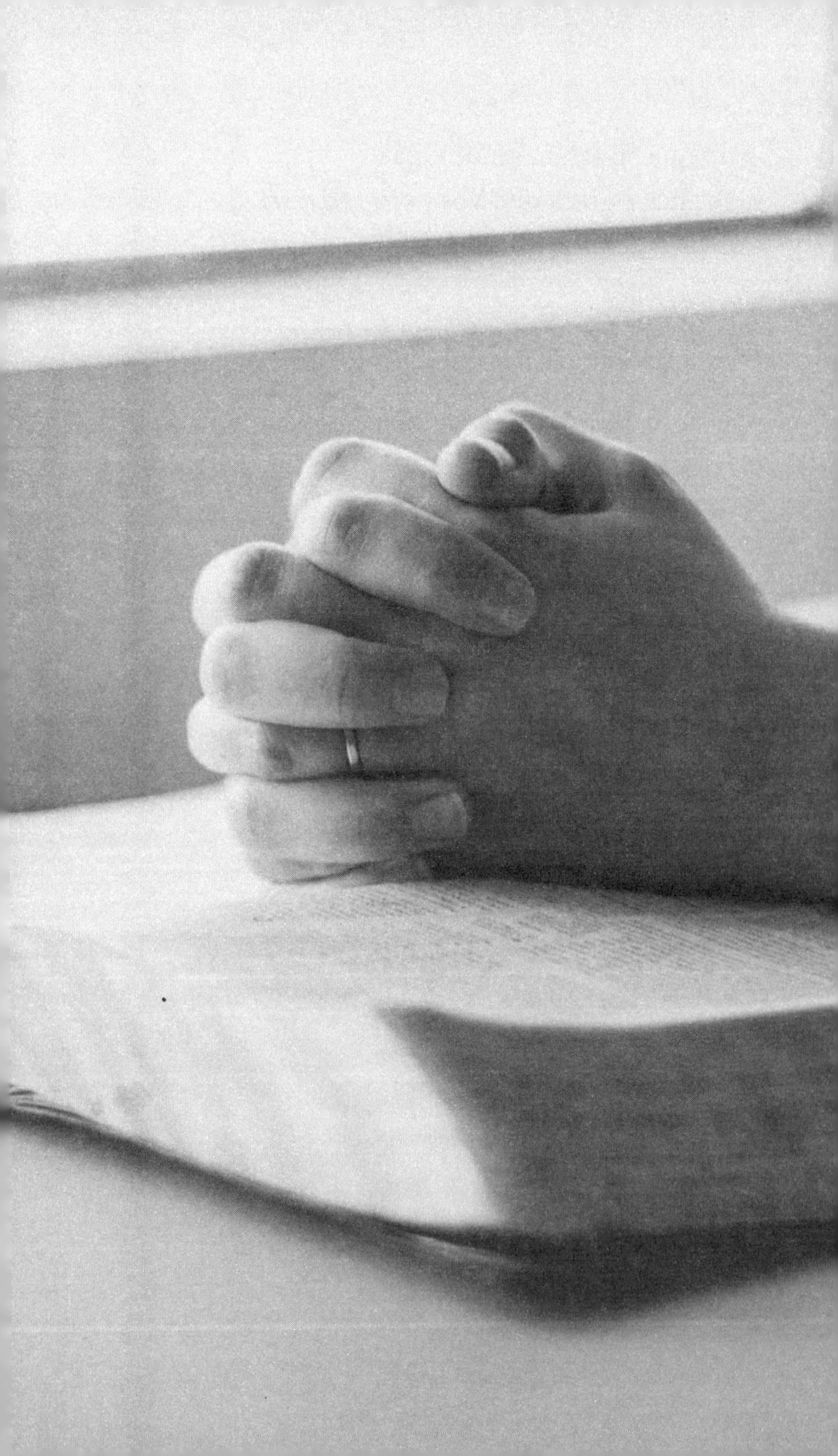

Oração a São Paulo

Ó glorioso São Paulo Apóstolo,
que de perseguidor dos cristãos vos tornastes grande apóstolo,
fazei que vivamos na fé e nos salvemos pela caridade que praticamos.
Que possamos, por vossa intercessão, conhecer, amar a Deus e, assim, seguir melhor Jesus Cristo.
Suscitai muitos santos apóstolos,
concedei-nos por vossa ajuda a graça da conversão diária
e de sermos defendidos de toda cilada do inimigo.
Concedei-nos especialmente (*peça-se*), graça de que tanto precisamos.
Amém.

Pai-nosso. Ave-Maria. Glória ao Pai.

São Paulo Apóstolo, rogai por nós.

Oração a São Judas Tadeu

São Judas Tadeu, apóstolo escolhido por Cristo,
vos saúdo e louvo pela fidelidade e amor
com que cumpristes vossa missão.
Chamado e enviado por Jesus,
sois uma das doze colunas que sustentam
a verdadeira Igreja fundada por Cristo.
Inúmeras pessoas, imitando vosso exemplo
e auxiliadas por vossa oração,
encontram o caminho para o Pai,
abrem o coração aos irmãos
e descobrem forças para vencer o pecado e superar
todo o mal.
Quero imitar-vos, comprometendo-me com Cristo e com sua Igreja,
por uma decidida conversão a Deus e ao próximo,

especialmente o mais pobre.
E, assim convertido, assumirei a missão de viver e anunciar o Evangelho,
como membro ativo de minha comunidade.
Espero, então, alcançar de Deus a graça que imploro,
confiando na vossa poderosa intercessão (*peça-se*).
São Judas Tadeu, rogai por nós.
Amém.

Oração a São Jorge

Ó São Jorge, meu guerreiro,
invencível na Fé em Deus,
que trazeis em vosso rosto a esperança e confiança,
abra os meus caminhos.
Eu andarei vestido e armado
com as armas de São Jorge
para que meus inimigos,
tendo pés, não me alcancem,
tendo mãos, não me peguem,
tendo olhos, não me vejam,
e nem em pensamentos eles possam me fazer algum mal.
Armas de fogo o meu corpo não alcançarão,
facas e lanças se quebrarão sem o meu corpo tocar,
cordas e correntes se arrebentarão sem o meu corpo amarrar.

Jesus Cristo, me proteja e me defenda
com o poder de sua santa e divina graça,
a Virgem de Nazaré me cubra
com o seu manto sagrado e divino,
protegendo-me em todas as minhas dores e aflições,
e Deus, com sua divina misericórdia e grande poder,
seja meu defensor contra as maldades
e perseguições dos meus inimigos.
Glorioso São Jorge, em nome de Deus,
estenda-me o seu escudo e as suas poderosas armas,
defendendo-me com a sua força e com a sua grandeza,
e que debaixo das patas de seu fiel cavalo
meus inimigos fiquem humildes e submissos a vós.
Ajudai-me a superar todo o desânimo
e alcançar a graça que tanto preciso (*peça-se*).
Dai-me coragem e esperança,
fortalecei minha fé e auxiliai-me nesta necessidade.
Com o poder de Deus, de Jesus Cristo e do Divino Espírito Santo.
Amém.

Oração a São Bento

Ó, glorioso patriarca São Bento,
que vos mostrastes sempre compassivo com os necessitados,
fazei que também nós, recorrendo a vossa poderosa intercessão,
obtenhamos auxílio em todas as nossas aflições.
Que nas famílias reine a paz e a tranquilidade;
afastem-se todas as desgraças, tanto corporais como espirituais,
especialmente o pecado.
Alcançai do Senhor a graça que vos suplicamos,
obtendo-nos finalmente que,
ao terminar nossa vista neste vale de lágrimas,
possamos louvar a Deus.

Oração a São Francisco de Assis

Glorioso São Francisco,
santo da simplicidade,
do amor e da alegria,
que no céu contemplais as perfeições infinitas de Deus,
lançai sobre nós o vosso olhar cheio de bondade.
Socorrei-nos em nossas necessidades espirituais e corporais.
Rogai ao nosso Pai e Criador,
para que nos conceda as graças que pedimos por vossa intercessão,
vós que sempre fostes tão amigo d'Ele.
E inflamai o nosso coração
de amor sempre maior a Deus e aos nossos irmãos,
principalmente os mais necessitados.

São Francisco de Assis, rogai por nós.
Amém.

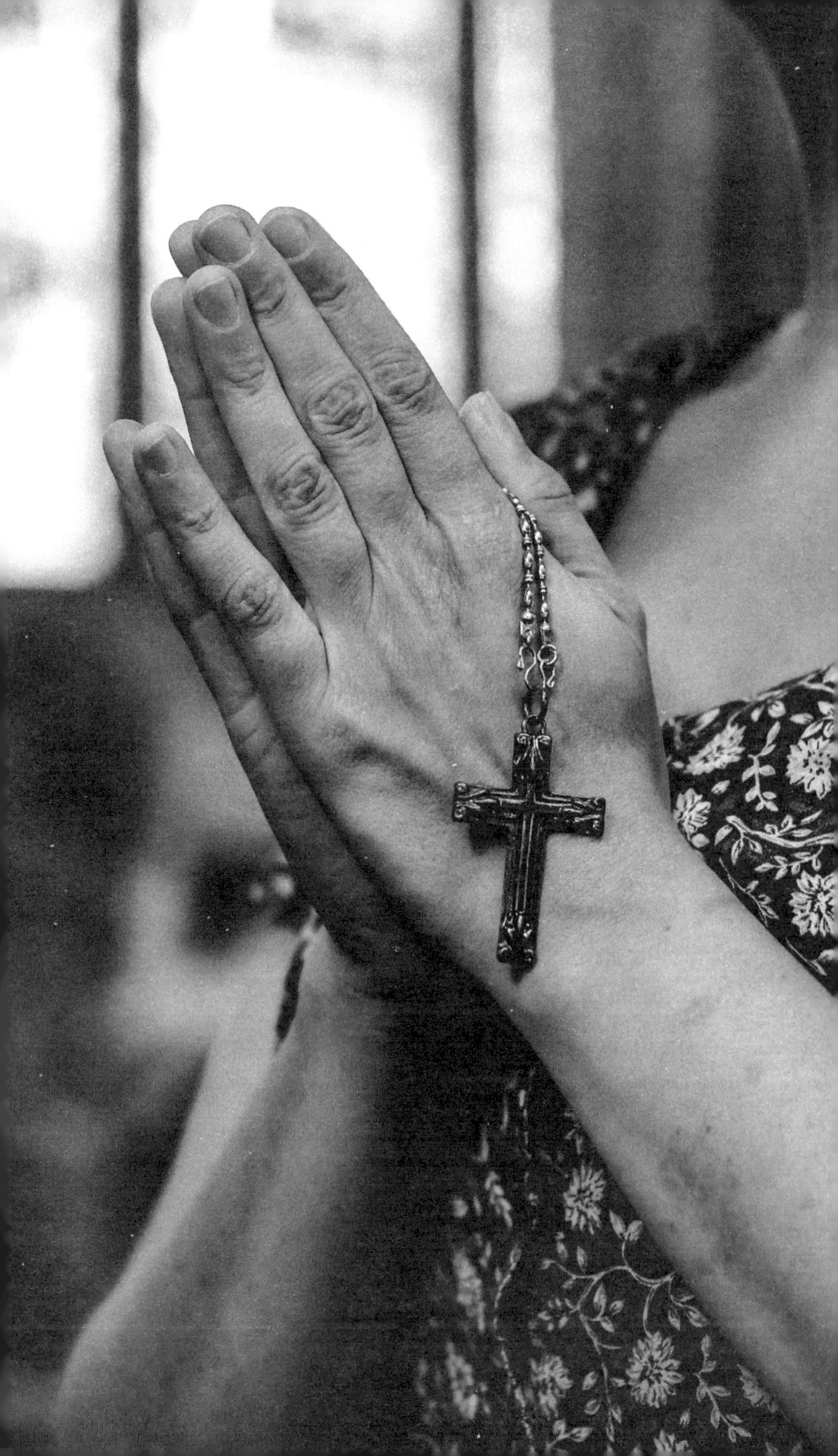

Oração a Santo Antônio

Ó, Santo Antônio, o mais gentil dos santos,
teu amor a Deus e tua caridade com Suas criaturas fizeram com que foste digno de possuir poderes miraculosos.
Motivado por este pensamento, peço-te que (*peça-se*).
Ó, gentil e amoroso Santo Antônio,
cujo coração estava sempre cheio de simpatia humana,
sussurra minha súplica aos ouvidos do doce Menino Jesus,
que adorava estar em teus braços.
A gratidão do meu coração será sempre tua.
Amém.

Oração a Santo Expedito

Meu Santo Expedito, das causas justas e urgentes,
interceda por mim junto ao Nosso Senhor Jesus Cristo,
socorrei-me nesta hora de aflição e desespero.
Intercedei por mim junto ao nosso Senhor Jesus Cristo!
Meu Santo Expedito, vós que sois um santo guerreiro,
vós que sois o santo dos aflitos,
vós que sois o santo dos desesperados.
vós que sois o santo das causas urgentes,
protegei-me, ajudai-me, dai-me forças, coragem e serenidade.
Atendei ao meu pedido (*peça-se*).
Meu Santo Expedito!

Ajudai-me a superar estas horas difíceis,
protegei-me de todos que possam me prejudicar,
protegei a minha família,
atendei ao meu pedido com urgência.
Devolvei-me a paz e a tranquilidade.
Meu Santo Expedito!
Serei grato pelo resto de minha vida e
levarei seu nome a todos que têm fé.

Oração a Santa Rita de Cássia

Ó, poderosa e gloriosa Santa Rita,
eis a vossos pés uma alma desamparada que,
necessitando de auxílio,
a vós recorre com a doce esperança
de ser atendida por vós
que tem o título de Santa dos Casos Impossíveis e Desesperados.
Ó, cara santa, interessai-vos pela minha causa,
intercedei junto a Deus
para que me conceda a graça de que tanto necessito (*peça-se*).
Não permitais que tenha de me afastar de vossos pés sem ser atendido.
Se houver em mim algum obstáculo
que me impeça de alcançar a graça que imploro,
auxiliai-me para que o afaste.

Envolvei o meu pedido em vossos preciosos méritos
e apresentai-o a vosso celeste esposo, Jesus,
em união com a vossa prece.
Ó, Santa Rita, eu ponho em vós toda a minha
confiança.
Por vosso intermédio, espero tranquilamente a
graça que vos peço.

Santa Rita, advogada dos impossíveis, rogai por
nós.

Oração a Santa Teresinha

Santa Teresa do Menino Jesus,
concedei-me que siga a tua vida de infância espiritual,
que viva no espírito de simplicidade e humildade evangélicas,
num total abandono à vontade do Senhor.
Ensinai-me a aceitar cada sofrimento como dom precioso
feito a quem mais ama.
Que eu possa também terminar a minha vida terrena
repetindo as tuas últimas palavras:
"Meu Deus, eu amo-Te".

Oração a Padre Pio

Ó, Deus, que a São Pio de Pietrelcina,
sacerdote capuchinho, concedestes o privilégio
de participar, de modo admirável,
da paixão de vosso Filho, concedei-me,
por sua intercessão, a graça de (*peça-se*)
que ardentemente desejo e permiti, sobretudo,
que eu me conforme com a morte de Jesus
para alcançar, depois, a glória da ressurreição.

Oração a São João Paulo II

Ó São Paulo, da janela do céu, dá-nos a tua bênção!
Abençoa a Igreja, que tu amaste, serviste e guiaste, incentivando-a a caminhar corajosamente pelos caminhos do mundo,
para levar Jesus a todos e todos a Jesus!
Abençoa os jovens, que também foram tua grande paixão.
Ajuda-os a voltar a sonhar, voltar a dirigir o olhar ao alto
para encontrar a luz que ilumina os caminhos da vida na terra.
Abençoa as famílias, abençoa cada família!
Tu percebeste a ação de Satanás contra esta preciosa e indispensável
faísca do céu que Deus acendeu sobre a terra.

São João Paulo, com a tua intercessão,
protege as famílias e cada vida que nasce dentro da família.
Roga pelo mundo inteiro, ainda marcado por tensões, guerras e injustiças.
Tu te opuseste à guerra, invocando o diálogo e semeando o amor;
roga por nós, para que sejamos incansáveis semeadores de paz.
Ó São João Paulo, da janela do céu,
onde te vemos junto a Maria,
faz descer sobre todos nós a bênção de Deus!
Amém.

Orações para ocasiões diversas

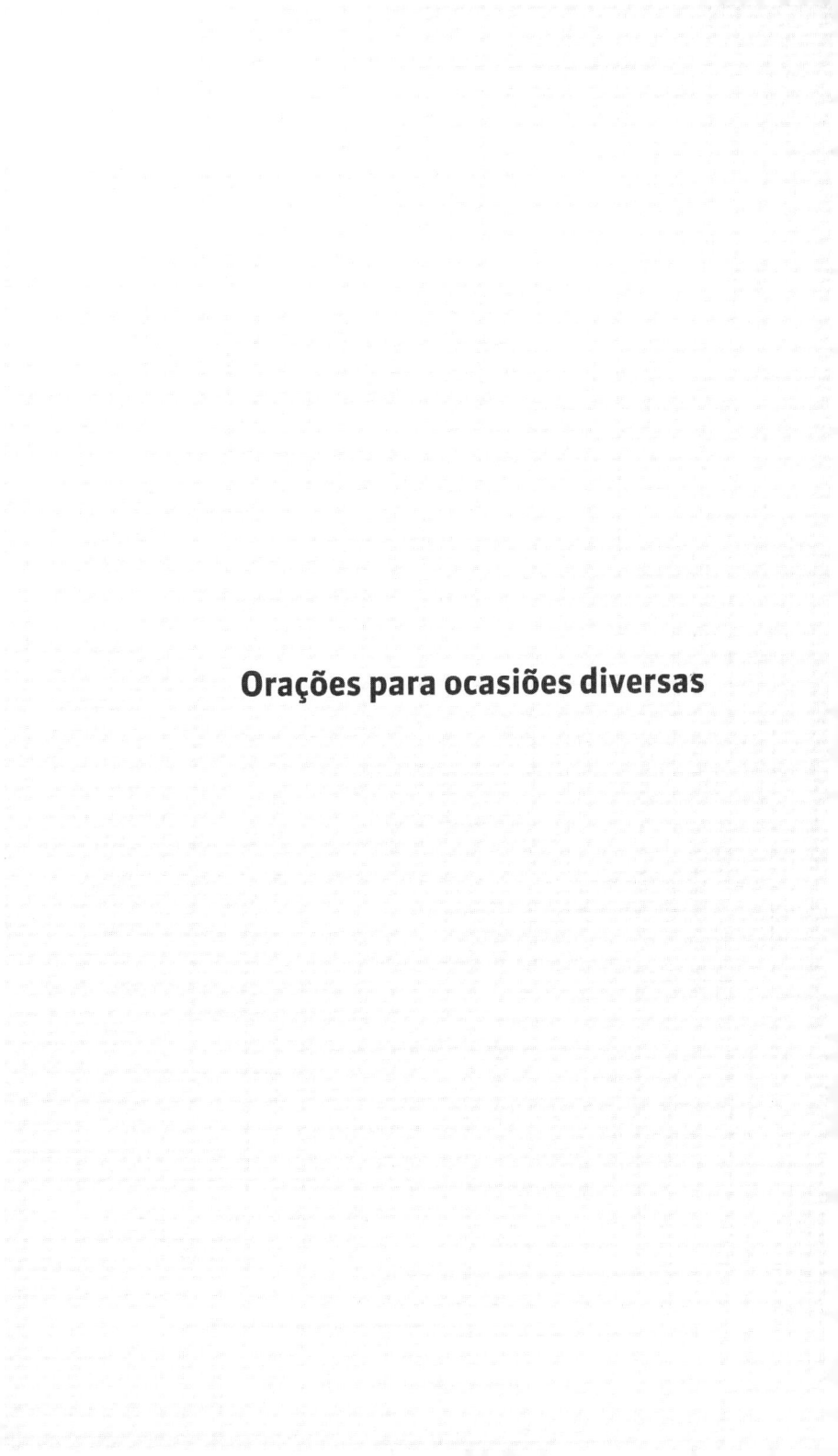

Oração pela família
(Recordada pelo papa Bento XVI)

Ó, Deus, que na Sagrada Família
nos deixastes um modelo perfeito de vida familiar
vivida na fé e na obediência de Vossa vontade.
Ajudai-nos a ser exemplo de fé e amor aos Vossos mandamentos.
Socorrei-nos na nossa missão de transmitir a fé aos nossos filhos.
Abri seu coração para que cresça neles
a semente da fé que receberam no batismo.
Fortalecei a fé dos nossos jovens,
para que cresçam no conhecimento de Jesus.
Aumentai o amor e a fidelidade em todos os casais,
especialmente naqueles que passam por momentos de sofrimento ou dificuldade.

Unidos com José e Maria,
pedimo-Vos por Jesus Cristo vosso Filho, nosso Senhor.
Amém.

Oração pelos falecidos

Pai santo, Deus eterno e todo-poderoso,
nós Vos pedimos por (*nomear o falecido*),
que chamastes deste mundo.
Dai-lhe a felicidade, a luz e a paz.
Que ele, tendo passado pela morte,
participe do convívio de Vossos santos na luz eterna,
como prometestes a Abraão e à sua descendência.
Que sua alma nada sofra,
e Vos digneis ressuscitá-lo com os Vossos santos
no dia da ressurreição e da recompensa.
Perdoai-lhe os pecados para que alcance junto a Vós
a vida imortal no reino eterno.
Por Jesus Cristo, Vosso Filho, na unidade do Espírito Santo.

Amém.

Pai-nosso. Ave-Maria.

Dai-lhe, Senhor, o repouso eterno, e brilhe para ele a Vossa luz.
Amém.

Oração do trabalhador

Ó Deus, eis-me aqui para iniciar uma nova jornada de trabalho
e exercer a minha profissão com dignidade e amor.
Ofereço-te o meu suor, as minhas lutas, alegrias e dores.
Agradeço-te pelo emprego que tenho e pelo pão de cada dia.
Peço-te, em especial, pelos desempregados.
Faz com que superem com fé e esperança essa dificuldade,
para poderem sustentar as suas famílias.
Senhor Jesus, operário de Nazaré,
inspira-me a ser um bom profissional e amigo de todos.
Dá-me saúde para trabalhar todos os dias e protege-me dos acidentes.

Concede-me a mim e aos meus companheiros de trabalho uma jornada feliz.
Tu, que és o Mestre de todas as profissões,
derrama a tua bênção sobre todos os trabalhadores.
Amém.

Oração a São José para encontrar emprego

Ó, glorioso São José,
Pai nutrício do Filho de Deus,
que tanto vos dedicastes em cuidar do Menino-Deus,
abençoai-nos hoje e sempre.
Sofrestes a precariedade do trabalho,
mas sempre cuidastes bem da Sagrada Família,
pois a graça do senhor vos acompanhava.
Olhai-me, glorioso santo,
e vede como estou desempregado
e ansioso por encontrar o quanto antes um bom emprego.
Guiai-me, bondoso santo, pelo mesmo caminho que vós

e concedei-me essas duas grandes bênçãos:
que eu viva sempre mais na graça de Deus
e que consiga um bom emprego.
Ajudai-me finalmente, São José, a perseverar em vossa devoção,
a bênção maior que procuro.

Oração pelos doentes

Senhor Jesus, pela Vossa palavra
e pelos gestos de Vossas mãos,
curastes cegos, paralíticos, leprosos e tantos outros doentes.
Animados pela fé, nós também viemos suplicar pelos nossos enfermos.
Dai-lhes, Senhor:
a graça da perseverança na oração, apesar do desânimo próprio da doença;
a graça da coragem para buscar a cura, mesmo depois de várias tentativas;
a graça da simplicidade, para aceitar a ajuda dos profissionais, familiares e amigos;
a graça da humildade, para reconhecer as próprias limitações;

a graça da paciência nas dores e dificuldades do tratamento;

a graça de compreender, pela fé, a transitoriedade desta vida;

a graça de entender que o pecado é a maior de todas as enfermidades.

Que tenhamos todos a compreensão
de que, no sofrimento humano, se completa Vossa Paixão Redentora.

Se for para Vossa glória, nós Vos pedimos a cura de todos os nossos enfermos.

Amém.

Oração das mães

Sois, meu Deus, o Criador e verdadeiro Pai dos meus filhos.

De Vossas mãos os recebi cheios de vida,
como a dádiva mais preciosa que me podíeis ter dado
e que Vossa bondade conserva para minha consolação e alegria.

Agradeço-Vos de todo o coração,
e consagro-Vos inteiramente a mim mesma e aos meus filhos,
para que Vos sirvamos e Vos amemos sobre todas as coisas.

Abençoai-nos, Senhor, enquanto eu, em Vosso nome, os abençoo.

Não permitais que, por negligência da minha parte, venham eles a se desviar do bom caminho.

Velai sobre mim para que eu possa velar sobre eles e educá-los no Vosso santo temor e na Vossa lei.

Fazei-os dóceis, obedientes, inimigos do pecado, para que não Vos ofendam jamais.

Colocai-os, Senhor de bondade,
sob a maternal proteção de Maria Santíssima,
para que ela os proteja sempre.

Afastai deles as doenças, a pobreza
e as impurezas demasiado perigosas.

Livrai-os de todas as desgraças
e perigos da alma e do corpo
e concedei-lhe todas as graças
que sabeis serem-lhes necessárias,

a fim de que sejam bons filhos,
bons cristãos e fiéis servidores da pátria.

Fazei, Senhor, que possamos um dia,
encontrar-nos todos reunidos na celeste Igreja triunfante.
Amém.

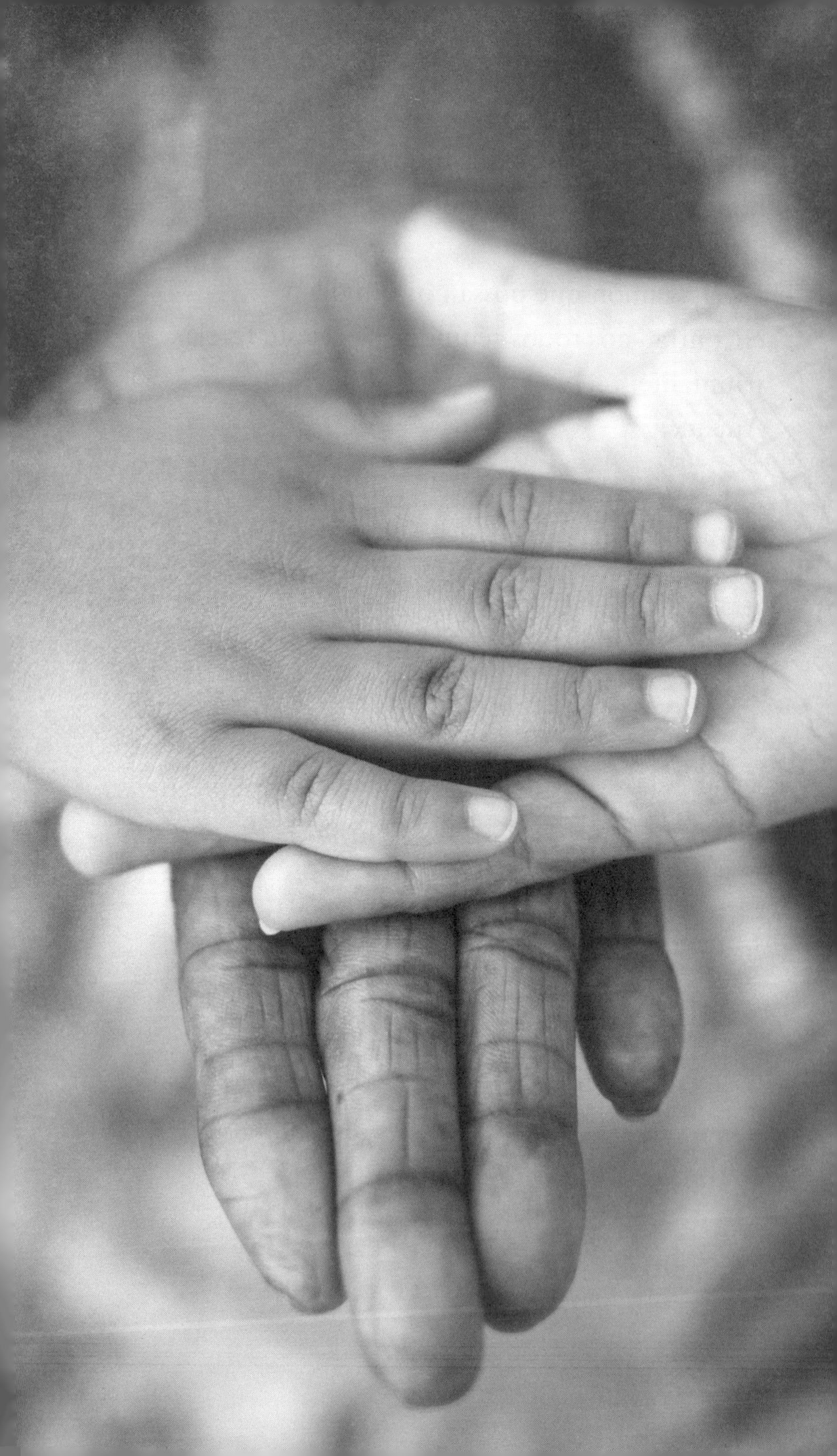

Oração pelos filhos

Meu Deus, eu Vos ofereço meus filhos;
Vós mos destes, eles Vos pertencerão para sempre;
eu os educo para Vós e Vos peço
que os conserveis para a Vossa glória.

Senhor, que o egoísmo, a ambição, a maldade
não os desviem do bom caminho.
Que eles tenham força para agir contra o mal
e que o movente de todos os seus atos
seja sempre e unicamente o bem.

Há tanta maldade nesse mundo, Senhor,
e Vós sabeis como somos fracos e como o mal,
muitas vezes, nos fascina;
mas Vós estais conosco
e eu coloco meus filhos sob a Vossa proteção.

Sede-lhe luz, força e alegria nesta terra, Senhor, para que eles vivam por vós nesta terra e no céu, todos juntos, possamos gozar de Vossa companhia para sempre.
Amém.

Oração pelo marido/esposa

Deus, Pai de misericórdia,
que, criando o ser humano,
o criaste homem e mulher
e ordenastes que ambos
se considerassem parte um do outro,
socorrendo-se nas necessidades
e completando-se nos seus limites,
fazei que o meu marido (minha esposa)
seja sempre fiel aos seus deveres.
Que ele(a) seja sempre,
com Vossa graça, correto(a) nos juízos,
sóbrio(a) nos conselhos,
prudente nas deliberações,
feliz nos empreendimentos,
humilde na prosperidade,

cumpridor(a) dos seus deveres,
generoso(a) em socorrer os outros.
Afastai dele(a) tudo
o que possa demovê-lo(a)
do caminho da justiça
e concedei-lhe
os auxílios necessários
para que ele(a) não somente
alcance a perfeição do seu estado,
mas seja também para mim
uma força e um estímulo
para a minha santificação.
E assim, juntos,
alcancemos a felicidade do céu.
Amém.

Oração pela conversão de quem não crê
(De São Francisco Xavier)

Deus eterno, Criador de todas as coisas,
lembrai-Vos que as almas dos infiéis são obras de
Vossas mãos,
feitas à Vossa imagem e semelhança.
Vede, porém, Senhor, que, em opróbrio Vosso,
dessas almas se vai enchendo o inferno.
Lembrai-Vos que Jesus Cristo, Vosso Filho,
derramou todo o seu Sangue e padeceu morte
atrocíssima por elas.
Não permitais, pois, Senhor,
que o Vosso Filho seja por mais tempo desprezado
pelos infiéis.
Deixai-Vos, antes, aplacar e mover à piedade
pelas orações de Vossos santos e da Igreja,
esposa do Vosso Santíssimo Filho.

Lembrai-Vos da Vossa misericórdia e,
esquecendo a sua idolatria e infidelidade,
fazei que também eles enfim conheçam Jesus Cristo, nosso Senhor,
que é a nossa Salvação, Vida e Ressurreição,
por quem fomos livres e salvos
e a quem seja dada honra, glória e louvor pelos séculos dos séculos.
Amém.

Oração do abandono
(Do Bem-aventurado Charles de Foucauld)

Meu Pai, entrego-me a Vós!
Fazei de mim o que quiserdes.
Tudo o que quiserdes fazer de mim, eu Vos agradeço.
Estou pronto para tudo, aceito tudo,
desde que Vossa vontade se realize em mim
e em todas as Vossas criaturas.
Não desejo outra coisa, Senhor!
Deponho minha alma em Vossas mãos,
com todo o amor do meu coração,
porque para mim é uma necessidade de amor
dar-me e entregar-me em Vossas mãos
com confiança absoluta, porque sois meu Pai!

"Nada te perturbe"
(De Santa Teresa d'Ávila)

Nada te perturbe,
nada te assuste,
tudo passa.
Deus não muda.
A paciência tudo alcança.
Quem a Deus tem nada lhe falta.
Só Deus basta!

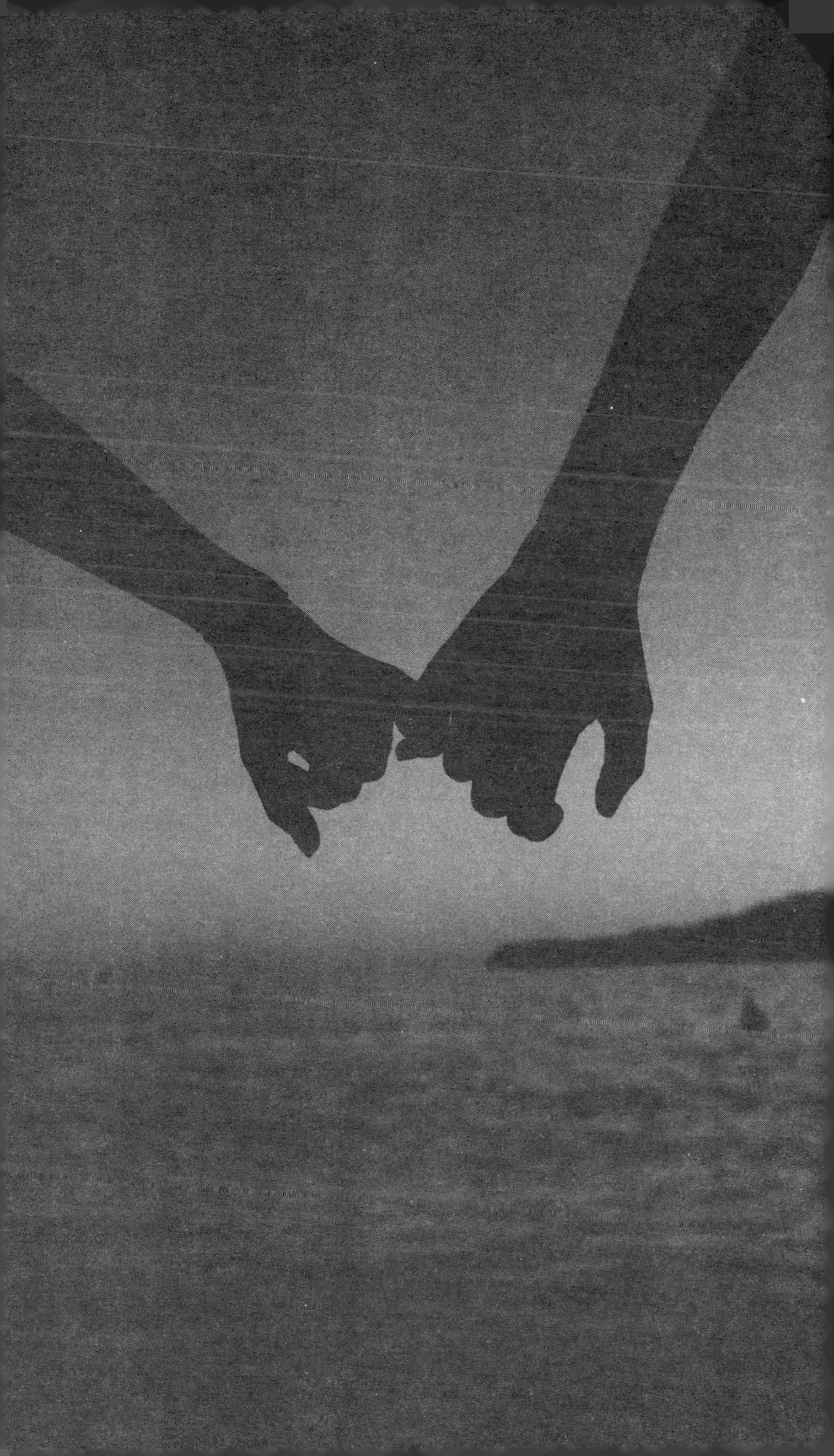

Oração de libertação dos males

Ó, Senhor,
Vós sois grande,
Vós sois Deus,
Vós sois Pai.
Nós vos pedimos, pela intercessão e auxílio dos Arcanjos Miguel, Rafael e Gabriel,
que nossos irmãos e irmãs sejam libertos do Maligno, que os tornou seus escravos.
Vós, todos os santos, vinde em nosso auxílio.

Da angústia, tristeza e obsessão, nós vos pedimos: livrai-nos, Senhor.
Do ódio, da fornicação e da inveja, nós vos pedimos: livrai-nos, Senhor.

Dos pensamentos de ciúme, raiva e morte, nós vos pedimos: livrai-nos, Senhor.
De todos os pensamentos de suicídio e aborto, nós vos pedimos: livrai-nos, Senhor.
De todas as formas de sexualidade desordenada, nós vos pedimos: livrai-nos, Senhor.
Da divisão da família, de toda a amizade que nos afasta do bem, nós vos pedimos: livrai-nos, Senhor.
De todas as formas de malefício, de feitiçaria, bruxaria e de qualquer mal oculto, nós vos pedimos: livrai-nos, Senhor.

Ó, Senhor, que dissestes: "Deixo-vos a paz, dou-vos a minha paz", concedei-nos, por intercessão da Virgem Maria, a libertação de todas as maldições e a graça de gozarmos sempre da Vossa paz. Por Cristo Nosso Senhor. Amém.

Pai-nosso. Ave-Maria. Glória ao Pai.

Rezando com os Salmos

Salmo 1

Feliz o homem que não procede conforme o conselho dos ímpios, não trilha o caminho dos pecadores, nem se assenta entre os escarnecedores.
Feliz aquele que se compraz no serviço do Senhor e medita sua lei dia e noite.
Ele é como a árvore plantada na margem das águas correntes: dá fruto na época própria, sua folhagem não murchará jamais. Tudo o que empreende, prospera.
Os ímpios não são assim! Mas são como a palha que o vento leva.
Por isso não suportarão o juízo, nem permanecerão os pecadores na assembleia dos justos.
Porque o Senhor vela pelo caminho dos justos, ao passo que o dos ímpios leva à perdição.

Salmo 6

Senhor, em Vossa cólera não me repreendais, em vosso furor não me castigueis.
Tende piedade de mim, Senhor, porque desfaleço; sarai-me, pois sinto abalados os meus ossos.
Minha alma está muito perturbada; Vós, porém, Senhor, até quando?...
Voltai, Senhor, livrai minha alma; salvai-me, pela Vossa bondade.
Porque no seio da morte não há quem de Vós se lembre; quem Vos glorificará na habitação dos mortos?
Eu me esgoto gemendo; todas as noites banho de pranto minha cama, com lágrimas inundo o meu leito.

De amargura meus olhos se turvam, esmorecem por causa dos que me oprimem.
Apartai-Vos de mim, vós todos que praticais o mal, porque o Senhor atendeu às minhas lágrimas.
O Senhor escutou a minha oração, o Senhor acolheu a minha súplica.
Que todos os meus inimigos sejam envergonhados e aterrados; recuem imediatamente, cobertos de confusão!

Salmo 7

Senhor, ó meu Deus, é em Vós que eu busco meu refúgio; salvai-me de todos os que me perseguem e livrai-me,
para que o inimigo não me arrebate como um leão, e me dilacere sem que ninguém me livre.
Senhor, ó meu Deus, se acaso fiz isso, se minhas mãos cometeram a iniquidade,
se fiz mal ao homem pacífico, se oprimi os que me perseguiam sem motivo,
que o inimigo me persiga e me apanhe, que ele me pise vivo ao solo e atire a minha honra ao pó.
Levantai-Vos, Senhor, na Vossa cólera; erguei-Vos contra o furor dos que me oprimem, erguei-Vos para me defender numa causa que tomastes a Vós.
Que a assembleia das nações Vos circunde, presidi-a de um trono elevado.

O Senhor é o juiz dos povos. Fazei-me justiça, Senhor, segundo o meu justo direito, conforme minha integridade.

Ponde fim à malícia dos ímpios e sustentai o direito, ó Deus de justiça, que sondais os corações e os rins.

O meu escudo é Deus, ele salva os que têm o coração reto.

Deus é um juiz íntegro, um Deus perpetuamente vingador.

Se eles não se corrigem, ele afiará a espada, entesará o arco e os visará.

Contra os ímpios apresentará dardos mortíferos, lançará flechas inflamadas.

Eis que o mau está em dores de parto, concebe a malícia e dá à luz a mentira.

Abre um fosso profundo, mas cai no abismo por ele mesmo cavado.

Sua malícia recairá em sua própria cabeça, e sua violência se voltará contra a sua fronte.

Eu, porém, glorificarei o Senhor por sua justiça, e salmodiarei o nome do Senhor, o Altíssimo.

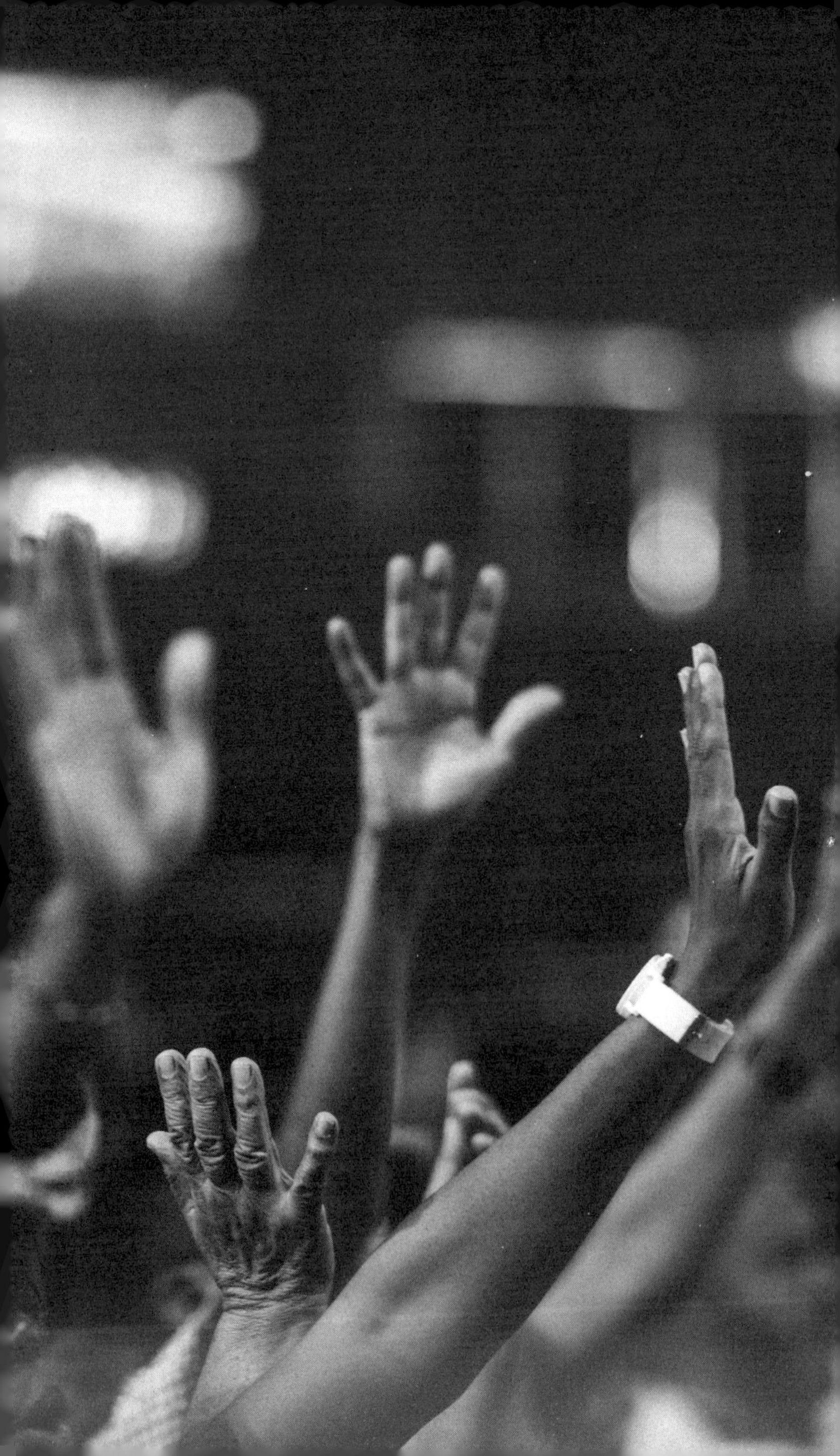

Salmo 23

O Senhor é meu pastor, nada me faltará.
Em verdes prados ele me faz repousar. Conduz-me junto às águas refrescantes,
restaura as forças de minha alma. Pelos caminhos retos ele me leva, por amor do seu nome.
Ainda que eu atravesse o vale escuro, nada temerei, pois estais comigo. Vosso bordão e Vosso báculo são o meu amparo.
Preparais para mim a mesa à vista de meus inimigos. Derramais o perfume sobre minha cabeça, e transborda minha taça.
A Vossa bondade e misericórdia hão de seguir-me por todos os dias de minha vida. E habitarei na casa do Senhor por longos dias.

Salmo 27

O Senhor é minha luz e minha salvação, a quem temerei? O Senhor é o protetor de minha vida, de quem terei medo?
Quando os malvados me atacam para me devorar vivo, são eles, meus adversários e inimigos, que resvalam e caem.
Se todo um exército se acampar contra mim, não temerá meu coração. Se se travar contra mim uma batalha, mesmo assim terei confiança.
Uma só coisa peço ao Senhor e a peço incessantemente: é habitar na casa do Senhor todos os dias de minha vida, para admirar aí a beleza do Senhor e contemplar o seu santuário.
Assim, no dia mau ele me esconderá na sua tenda, irá ocultar-me no recôndito de seu tabernáculo,

sobre um rochedo me erguerá.

Mas desde agora Ele levanta a minha cabeça acima dos inimigos que me cercam; e oferecerei no tabernáculo sacrifícios de regozijo, com cantos e louvores ao Senhor.

Escutai, Senhor, a voz de minha oração, tende piedade de mim e ouvi-me.

Fala-Vos meu coração, minha face Vos busca; a Vossa face, ó Senhor, eu a procuro.

Não escondais de mim Vosso semblante, não afasteis com ira o Vosso servo. Vós sois o meu amparo, não me rejeiteis. Nem me abandoneis, ó Deus, meu Salvador.

Se meu pai e minha mãe me abandonarem, o Senhor me acolherá.

Ensinai-me, Senhor, Vosso caminho; por causa dos adversários, guiai-me pela senda reta.

Não me abandoneis à mercê dos inimigos, contra mim se ergueram violentos e falsos testemunhos.

Sei que verei os benefícios do Senhor na terra dos vivos!

Espera no Senhor e sê forte! Fortifique-se o teu coração e espera no Senhor!

Salmo 51

Tende piedade de mim, Senhor, segundo a Vossa bondade. E conforme a imensidade de Vossa misericórdia, apagai a minha iniquidade.
Lavai-me totalmente de minha falta, e purificai-me de meu pecado.
Eu reconheço a minha iniquidade, diante de mim está sempre o meu pecado.
Só contra Vós pequei, o que é mau fiz diante de Vós. Vossa sentença assim se manifesta justa, e reto o Vosso julgamento.
Eis que nasci na culpa, minha mãe concebeu-me no pecado.
Não obstante, amais a sinceridade de coração. Infundi-me, pois, a sabedoria no mais íntimo de mim.

Aspergi-me com um ramo de hissope e ficarei puro.
Lavai-me e me tornarei mais branco do que a neve.
Fazei-me ouvir uma palavra de gozo e de alegria, para que exultem os ossos que triturastes.
Dos meus pecados desviai os olhos, e minhas culpas todas apagai.
Ó meu Deus, criai em mim um coração puro, e renovai-me o espírito de firmeza.
De Vossa face não me rejeiteis, e nem me priveis de Vosso santo Espírito.
Restituí-me a alegria da salvação, e sustentai-me com uma vontade generosa.
Então, aos maus ensinarei Vossos caminhos, e voltarão a Vós os pecadores.
Deus, ó Deus, meu salvador, livrai-me da pena desse sangue derramado, e a Vossa misericórdia a minha língua exaltará.
Senhor, abri meus lábios, a fim de que minha boca anuncie Vossos louvores.
Vós não Vos aplacais com sacrifícios rituais; e se eu Vos ofertasse um sacrifício, não o aceitaríeis.
Meu sacrifício, ó Senhor, é um espírito contrito, um coração arrependido e humilhado, ó Deus, que não haveis de desprezar.

Senhor, pela vossa bondade, tratai Sião com benevolência, reconstruí os muros de Jerusalém.

Então, aceitareis os sacrifícios prescritos, as oferendas e os holocaustos; e sobre Vosso altar vítimas Vos serão oferecidas.

Salmo 91

Tu que habitas sob a proteção do Altíssimo, que moras à sombra do Onipotente,
dize ao Senhor: "Sois meu refúgio e minha cidadela, meu Deus, em quem eu confio."
É ele quem te livrará do laço do caçador, e da peste perniciosa.
Ele te cobrirá com suas plumas, sob suas asas encontrarás refúgio. Sua fidelidade te será um escudo de proteção.
Tu não temerás os terrores noturnos, nem a flecha que voa à luz do dia,
nem a peste que se propaga nas trevas, nem o mal que grassa ao meio-dia.
Caiam mil homens à tua esquerda e dez mil à tua direita: tu não serás atingido.

Porém, verás com teus próprios olhos, contemplarás o castigo dos pecadores,
porque o Senhor é teu refúgio. Escolheste, por asilo, o Altíssimo.
Nenhum mal te atingirá, nenhum flagelo chegará à tua tenda,
porque aos seus anjos ele mandou que te guardem em todos os teus caminhos.
Eles te sustentarão em suas mãos, para que não tropeces em alguma pedra.
Sobre serpente e víbora andarás, calcarás aos pés o leão e o dragão.
Pois que se uniu a mim, eu o livrarei; e o protegerei, pois conhece o meu nome.
Quando me invocar, eu o atenderei; na tribulação estarei com ele. Hei de livrá-lo e o cobrirei de glória.
Será favorecido de longos dias, e eu lhe mostrarei a minha salvação.

Salmo 121

Para os montes levanto os olhos: de onde me virá socorro?
O meu socorro virá do Senhor, criador do céu e da terra.
Ele não permitirá que teus pés resvalem; não dormirá aquele que te guarda.
Não, não há de dormir, nem adormecer o guarda de Israel.
O Senhor é teu guarda, o Senhor é teu abrigo, sempre ao teu lado.
De dia, o sol não te fará mal; nem a lua durante a noite.
O Senhor te resguardará de todo o mal; ele velará sobre tua alma.
O Senhor guardará os teus passos, agora e para todo o sempre.

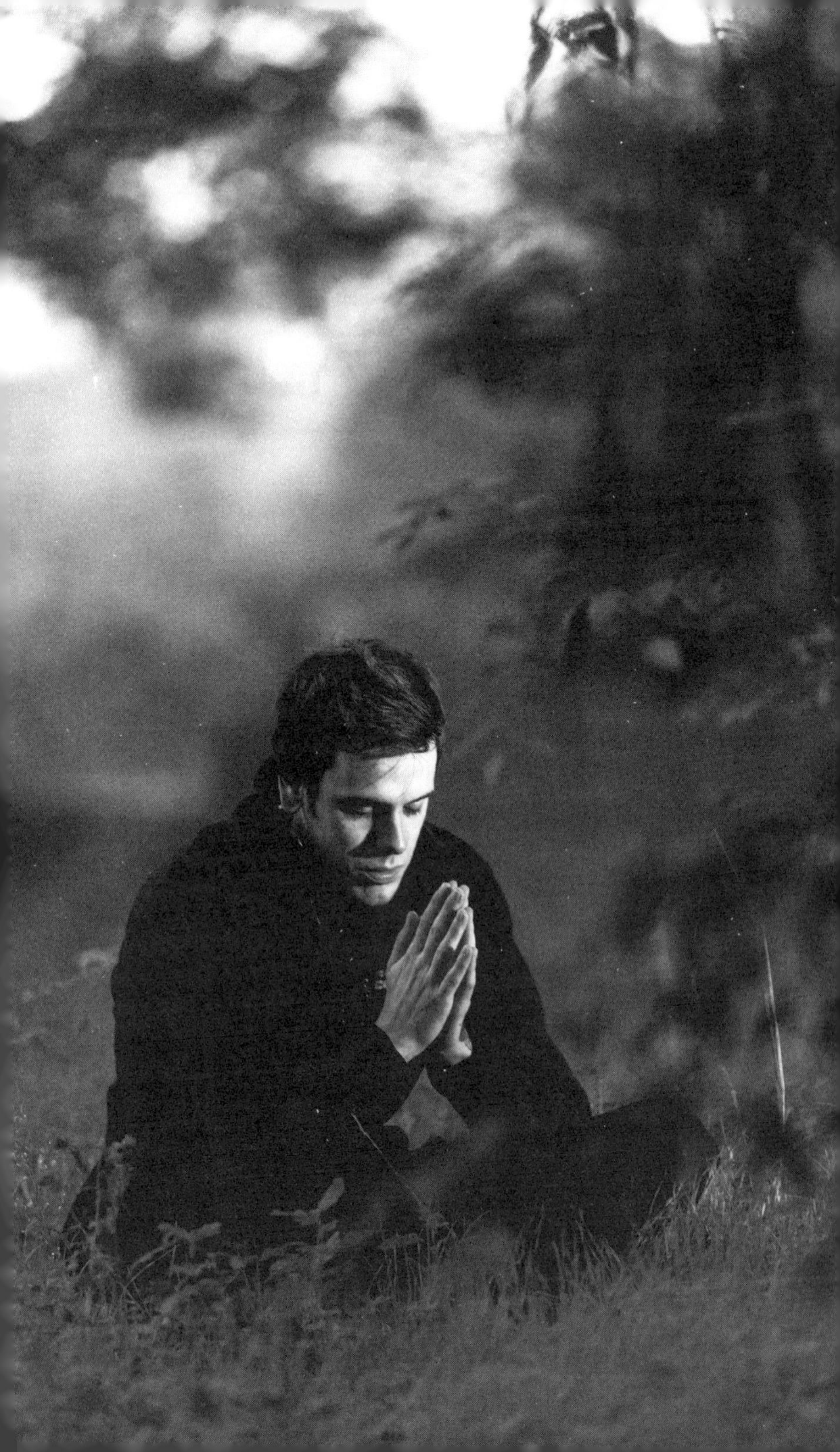

Salmo 130

Do fundo do abismo, clamo a Vós, Senhor.
Senhor, ouvi minha oração. Que Vossos ouvidos estejam atentos à voz de minha súplica.
Se tiverdes em conta nossos pecados, Senhor, Senhor, quem poderá subsistir diante de Vós?
Mas em Vós se encontra o perdão dos pecados, para que, reverentes, Vos sirvamos.
Ponho a minha esperança no Senhor. Minha alma tem confiança em sua palavra.
Minha alma espera pelo Senhor, mais ansiosa do que os vigias pela manhã.
Mais do que os vigias que aguardam a manhã, espere Israel pelo Senhor, porque junto ao Senhor se acha a misericórdia; encontra-se nele copiosa redenção.
E ele mesmo há de remir Israel de todas as suas iniquidades.

O cordão de São José

Em 1649, na cidade belga de Anvers, uma monja agostiniana se via acometida de dores lancinantes, causadas por um cálculo renal. Naturalmente, a medicina do período não era de todo avançada e via-se incapaz de produzir qualquer alívio. Devota, porém, como era de São José, a irmã Isabel decidiu recorrer ao pai nutrício de Jesus. Pediu então que um sacerdote benzesse um cordão simples e cingiu-o ao redor da cintura, iniciando então uma novena a São José. Três dias depois, em meio a ora-

ções fervorosas, viu-se livre do (enorme) cálculo e curada. Não demorou para que notícias do episódio se espalhassem pela região.

Quase dois séculos depois, em Verona, a cura da irmã Isabel foi relatada na Igreja de São Nicolau, o que inspirou muitos doentes a recorrerem ao cordão bento. Como no caso anterior, muitas foram as graças recebidas, o que consolidou a devoção – e de tal maneira que a Santa Sé a aprovou, autorizando seu uso público e solene. Há também uma fórmula própria para a bênção deste objeto. É possível usá-lo na cintura ou, em versão menor, como uma pulseira. Muitos o conservam guardado, recorrendo a ele nas ocasiões propícias.

No cordão de São José figuram sete nós, que servem para nos recordar as sete tristezas e as sete alegrias do santo patriarca. Em posse dele, o fiel costuma rezar sete "Glória ao pai...".

Recomenda-se o recurso ao cordão de São José para o fortalecimento contra a tentação da impureza e outros perigos da alma; por meio dele, também se costuma pedir curas as mais diversas. Além disso, para quem traz consigo o cordão, é possível lucrar indulgência plenária em algumas datas específicas *(entre elas, o Natal, as festas de São José e São José Operário, Pentecostes, Corpus Christi, na Páscoa, na Ascensão e na festa de Nossa Senhora Mãe de Deus), desde que cumpridas as condições de costume, isto é, a confissão, a comunhão e as orações nas intenções do Santo Padre.*

As sete dores e as sete alegrias de São José

Primeira dor
José toma conhecimento da gravidez de Maria e cogita repudiá-la.

Primeira alegria
O anjo lhe revela o mistério da Encarnação do Verbo e o consola, dizendo que não deveria temer receber a Virgem como esposa sua.

Segunda dor
Cristo, o filho que lhe foi confiado, nasce em meio à pobreza, num estábulo.

Segunda alegria
Os anjos entoam o Glória pelo nascimento do Menino, e José contempla a glória da linda noite de Natal.

Terceira dor
José contempla o Sangue preciosíssimo de Jesus ser derramado durante a circuncisão do menino.

Terceira alegria
José impõe ao menino o nome de Jesus, como Deus havia pedido por meio do anjo.

Quarta dor
O profeta Simeão revela o quanto Jesus e Maria haveriam de sofrer.

Quarta alegria
José toma conhecimento, na mesma ocasião, da salvação que o padecimento de Cristo traria aos homens.

Quinta dor
A Sagrada Família tem de fugir para o Egito, em virtude da perseguição imposta por Herodes.

Quinta alegria
Mesmo no meio das dificuldades, José tem consigo a presença da Virgem Santa Maria e de Jesus.

Sexta dor
Ao deixar o Egito e tentar voltar para a Judeia, José toma conhecimento de que Arquelau reinava no lugar de seu pai Herodes.

Sexta alegria
Avisado em sonho, José foi para a região da Galileia e enfim se estabeleceu, com Jesus e a Virgem, na cidade de Nazaré.

Sétima dor
Regressando de Jerusalém, José e Maria não encontram Jesus entre os parentes e conhecidos da caravana em que estavam.

Sétima alegria
Três dias depois, José e Maria encontram o Menino no Templo de Jerusalém, em meio aos doutores.

Direção editorial
Daniele Cajueiro

Editor responsável
Hugo Langone

Produção editorial
Adriana Torres
Carolina Rodrigues

Revisão
Thais Entriel

Diagramação
Leticia Fernandez Carvalho

Este livro foi impresso em 2019
para a Petra.